Styson Design

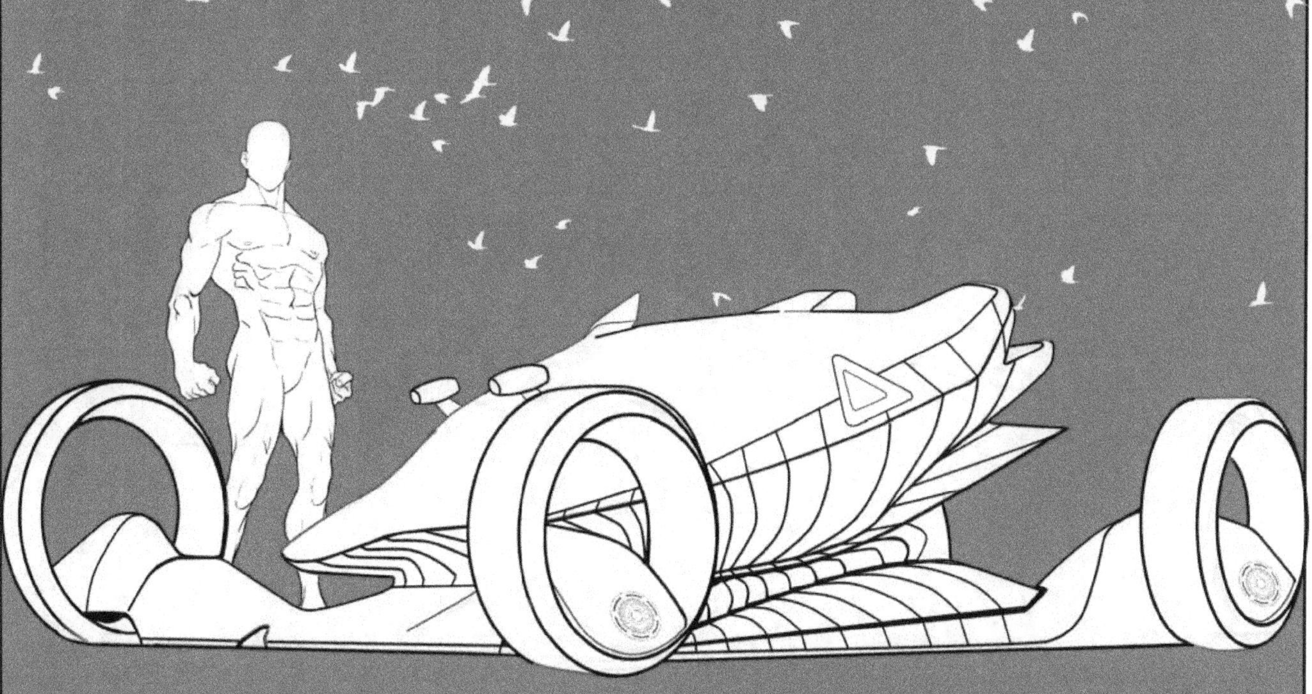

FUTURE INSPIRATION

VEHICLES FROM A PARALLEL UNIVERSE

VOL.1

PETER STYSON IST ZEICHNER UND DESIGNER MIT EINEM BESONDEREN HANG ZUR ENTWICKLUNG VON FUTURISTISCHEM FAHRZEUGEN ALLER ART. SEINE LEIDENSCHAFT ZUM ZEICHNERISCHEM ENTWURF LEBT ER SCHON SEIT MEHR ALS DREISSIG JAHREN.

DERZEIT ARBEITET DER AUTOR ALS LAYOUTER UND GRAFIKER BEI EINEM NAMHAFTEN DEUTSCHEN UNTERNEHMEN. HIER ENTWIRFT UND GESTALTET ER VIELFÄLTIGE PRINTMEDIEN. WÄHREND SEINEM ONLINE-STUDIUM BEI EINER JAPANISCHEN UNIVERSITÄT LEGTE ER SEINEN SCHWERPUNKT HAUPTSÄCHLICH IN DEN BEREICH KONZEPT ENTWURF UND DARSTELLUNG DES AUTOMOTIVE DESIGNS.

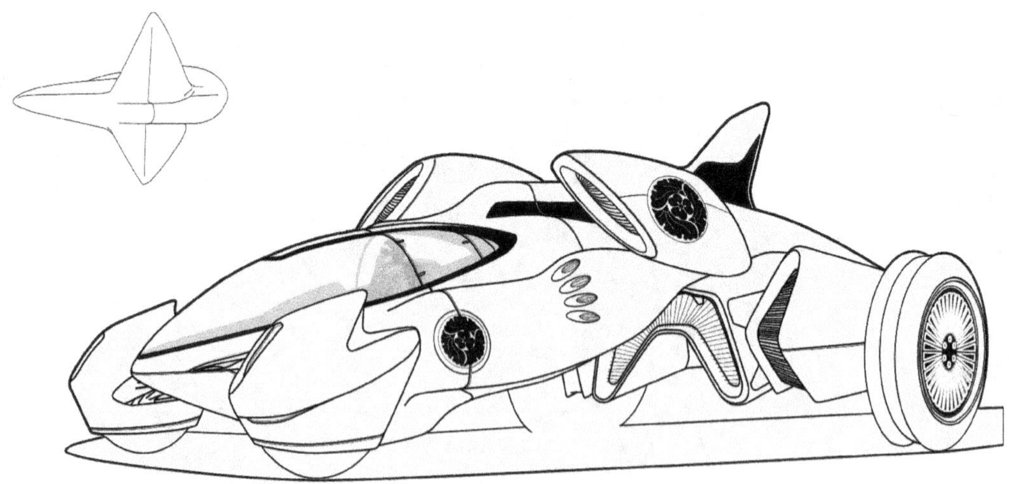

DIE FANTASIE BEFLÜGELN LASSEN MIT "VEHICLES FROM PARALLEL UNIVERSE".

IN EINER EINZIGARTIGEN UND NOCH NIE DAGEWESENEN ART ERLEBST DU EINE REISE IN DIE TRAUMHAFTE WELT DES DESIGNS. DER AUTOR PETER STYSON ZEICHNET SEIT ÜBER 30 JAHREN EINZIGARTIGE UND KURIOSE FAHRZEUGE, DIE SICH DURCH INDIVIDUALITÄT UND CHARAKTER AUSZEICHNEN. DIE DAZU NOTWENDIGEN VORLAGEN FINDEST DU IN DIESEM BUCH. MALVORLAGEN DIE DICH GARANTIERT INSPIRIEREN UND ENTFÜHREN WERDEN. BEACHTENSWERT IST DAS ALLE WERKE UNTER KREATIVER INSPIRATION ENTSTANDEN SIND UND DAS DER AUTOR SEINE GANZE LEIDENSCHAFT DARIN OFFENBART. ZUM ALLERERSTEN MAL ERBLICKEN SEINE ILLUSTRATIONEN DAS LICHT DER ÖFFENTLICHKEIT.

Styson Design

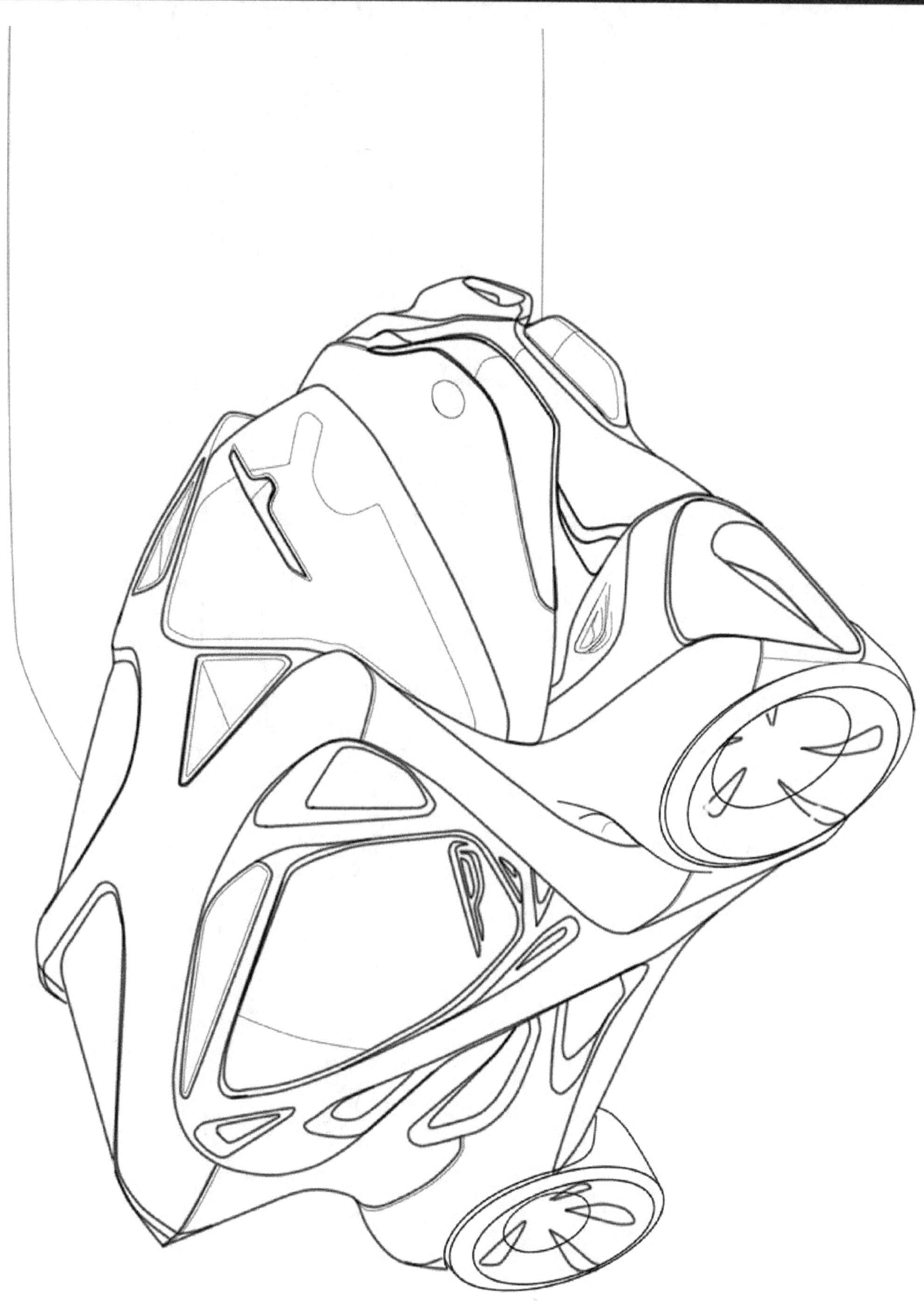

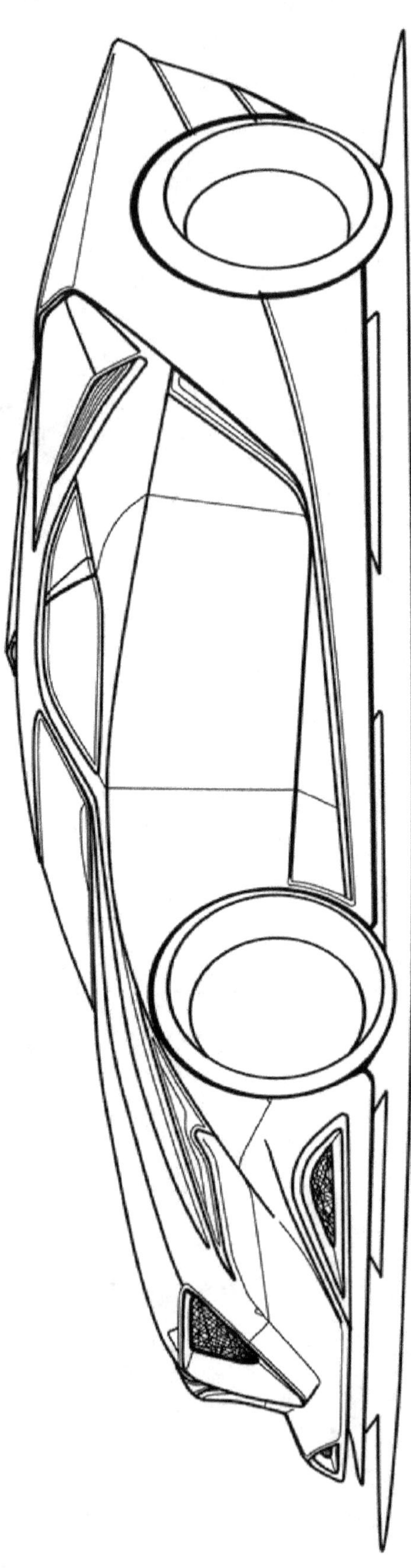

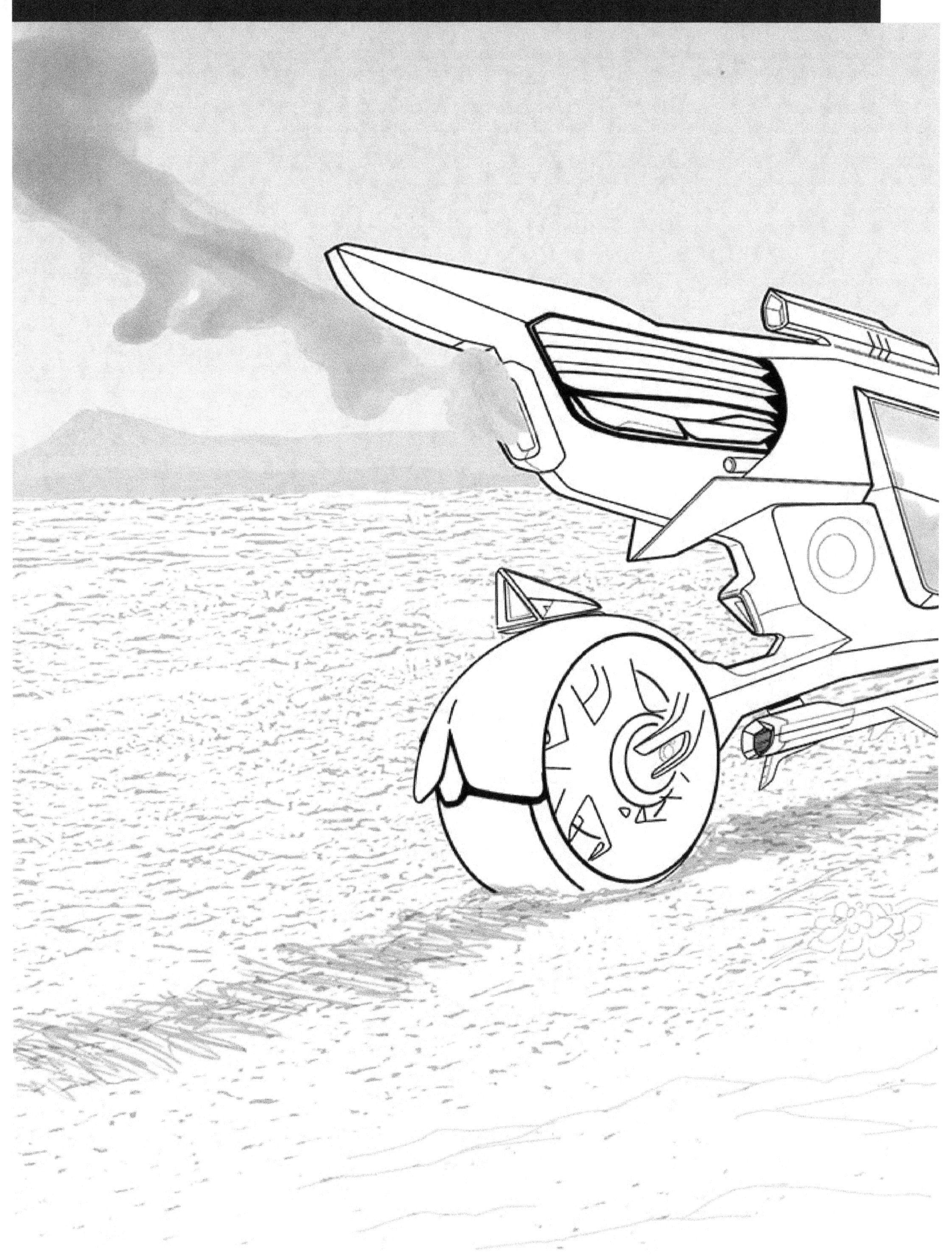

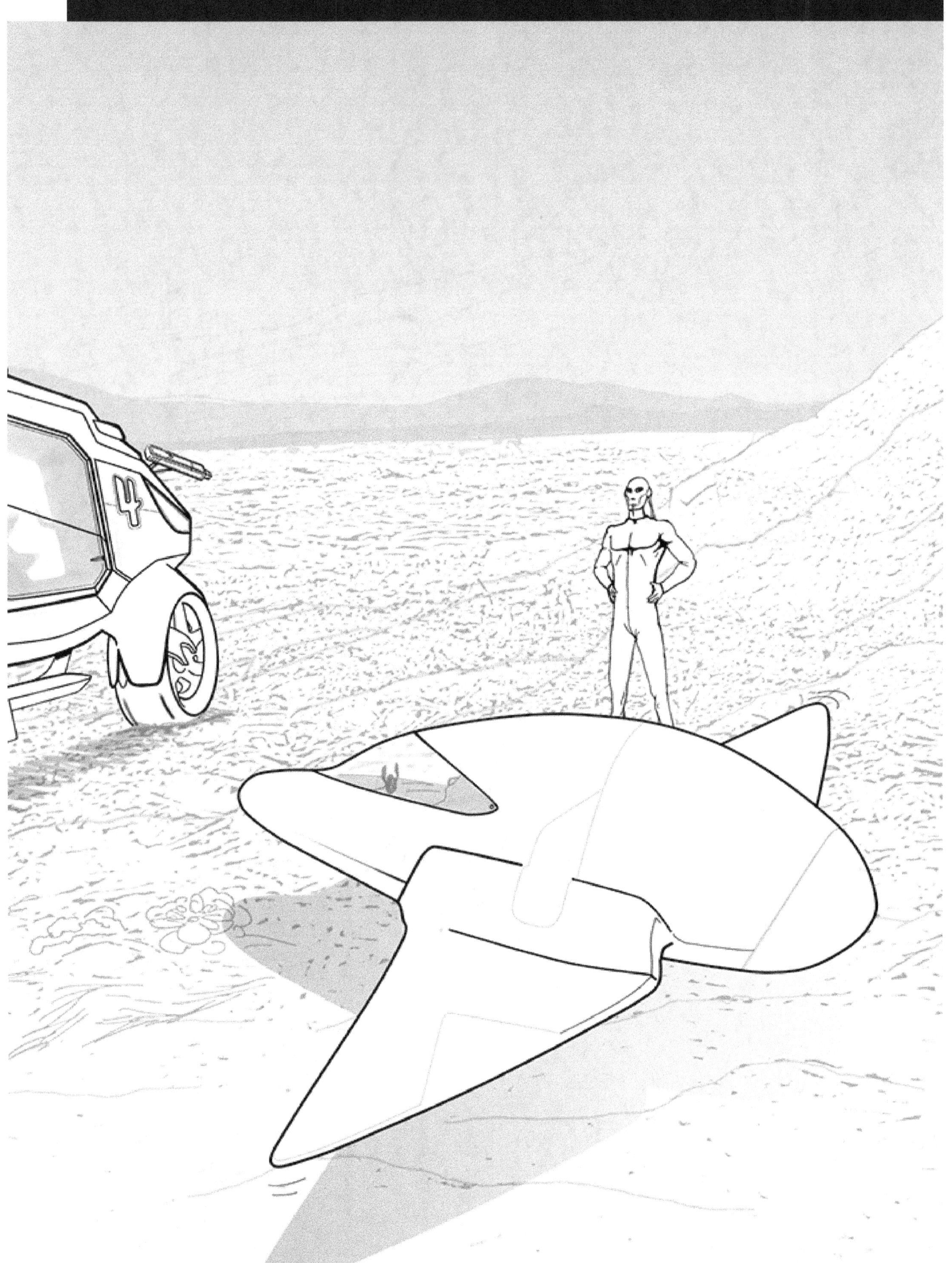

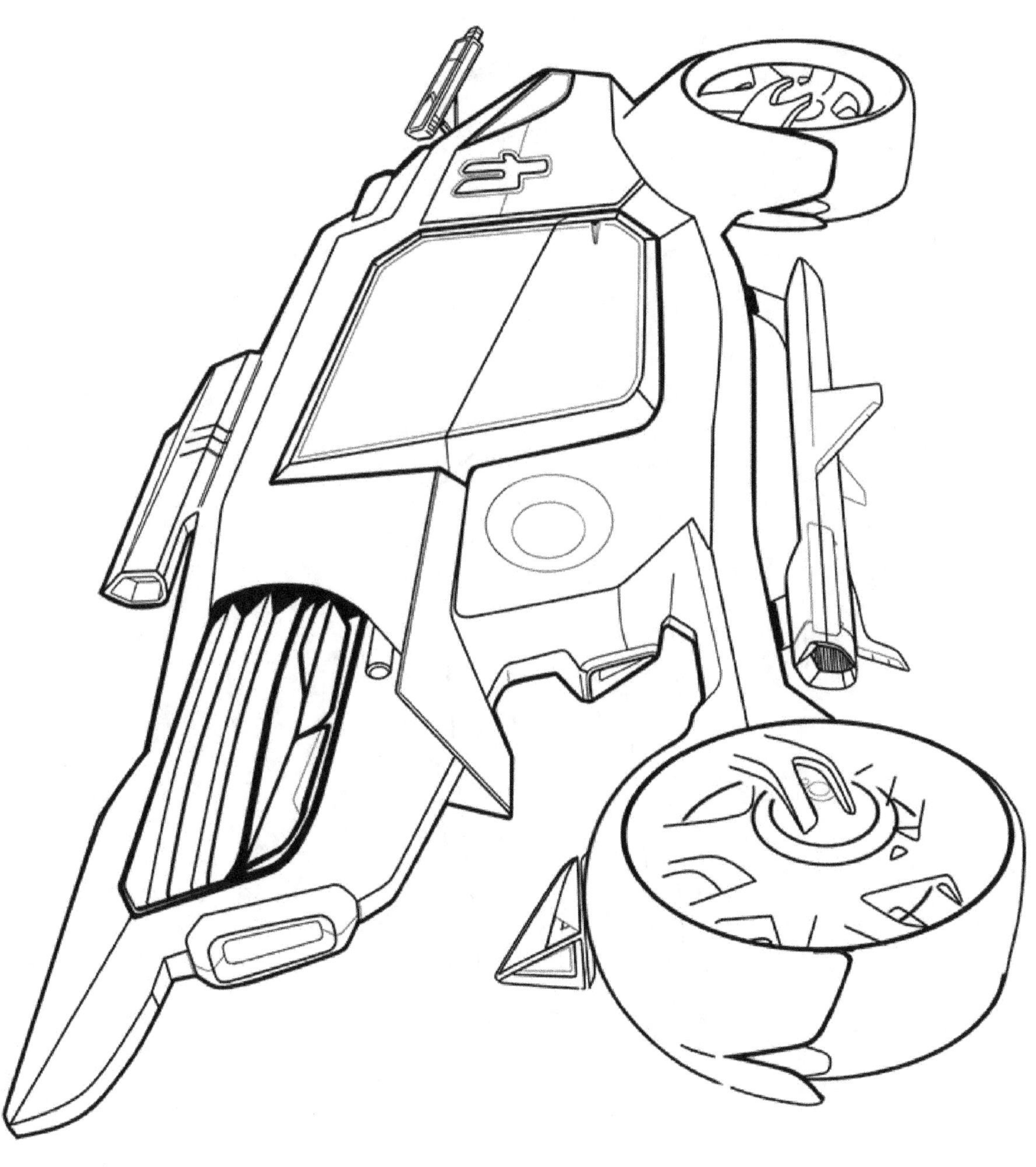

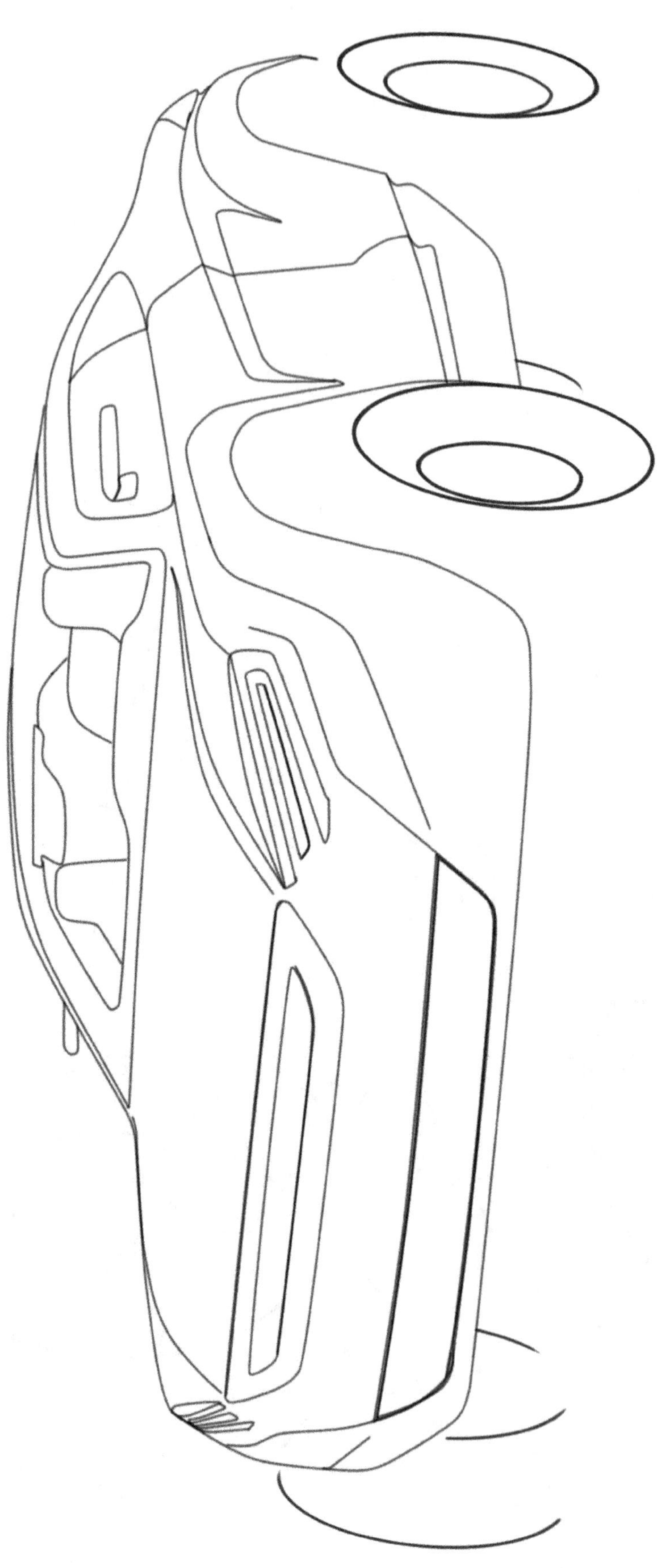

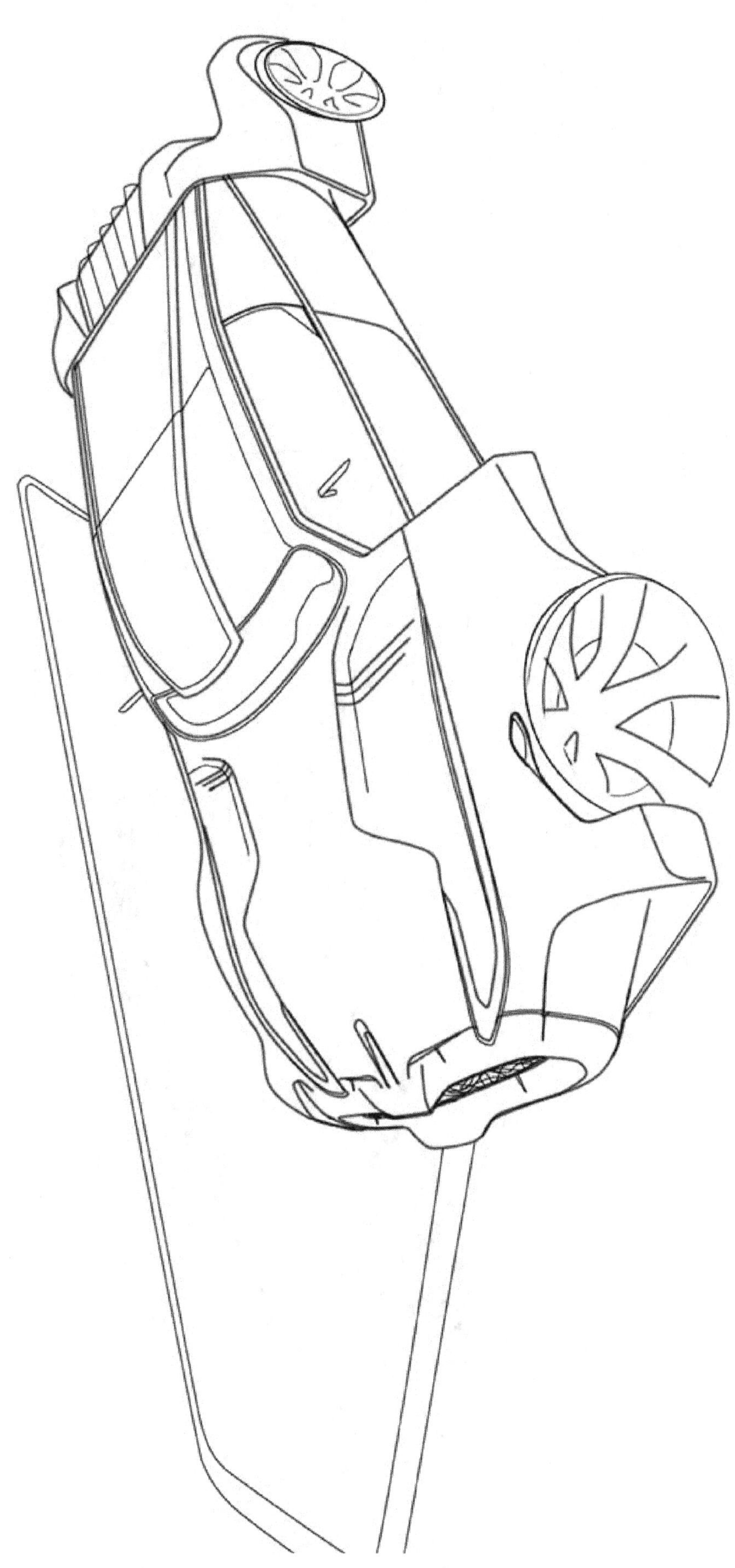

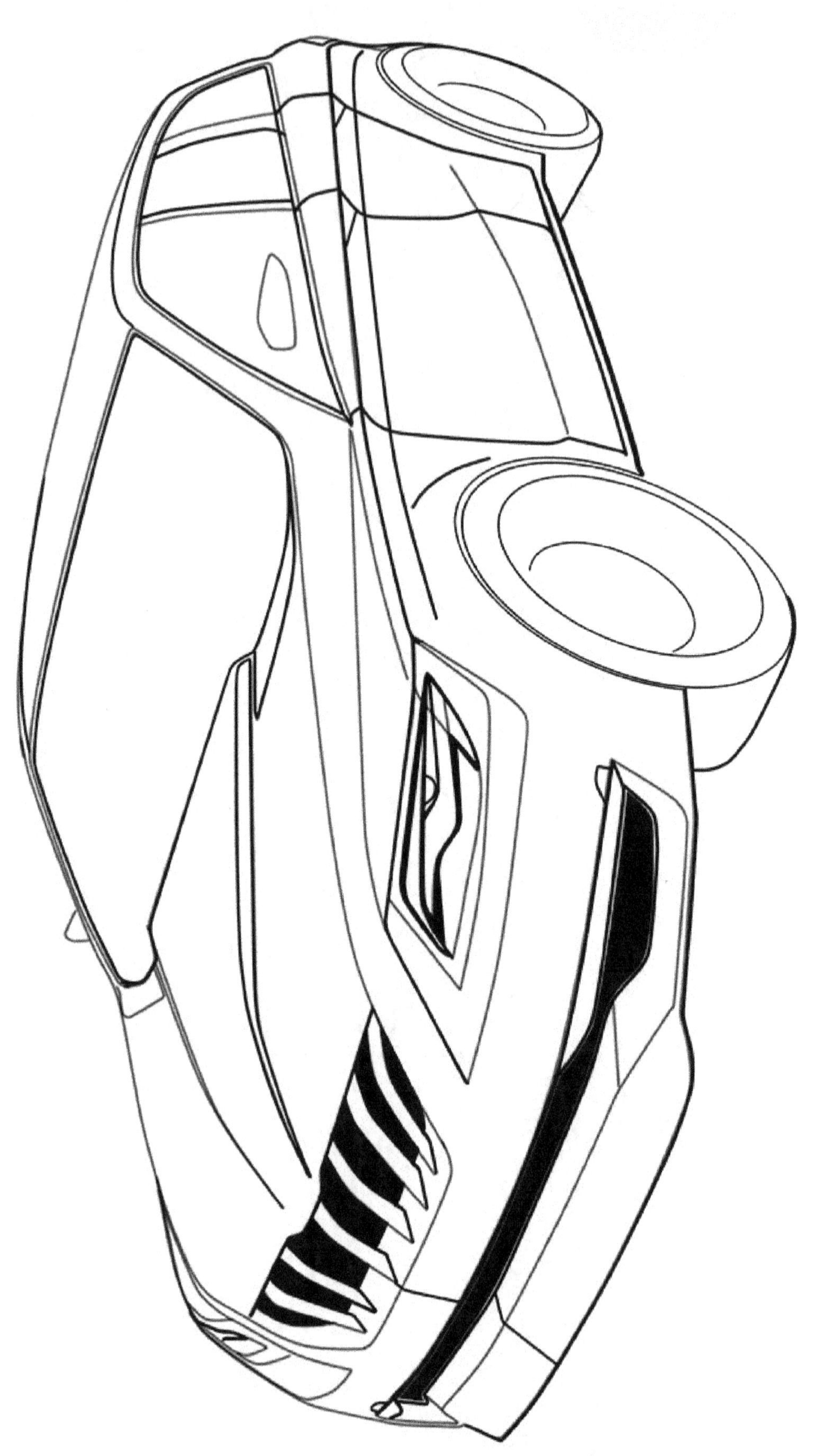

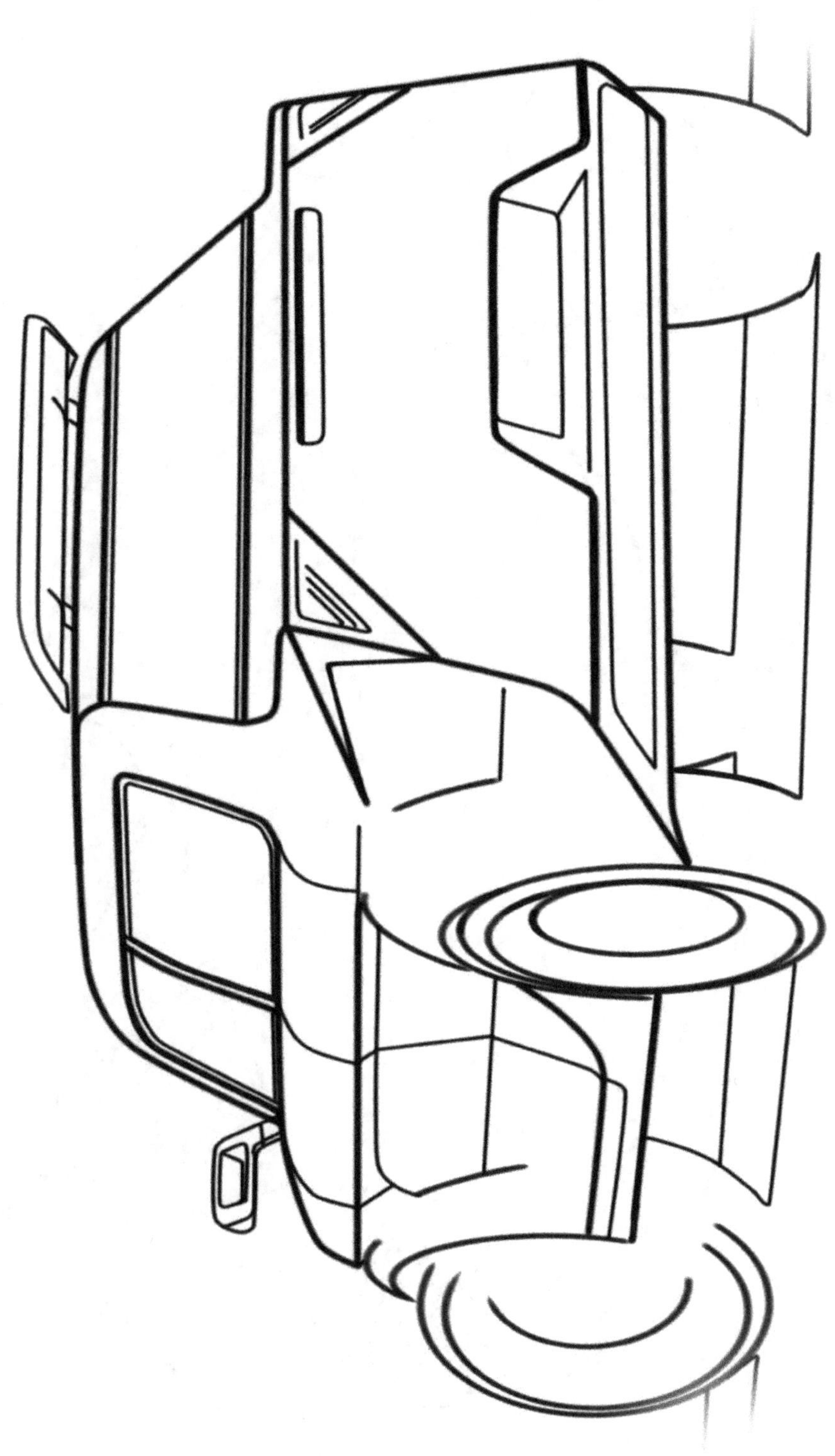

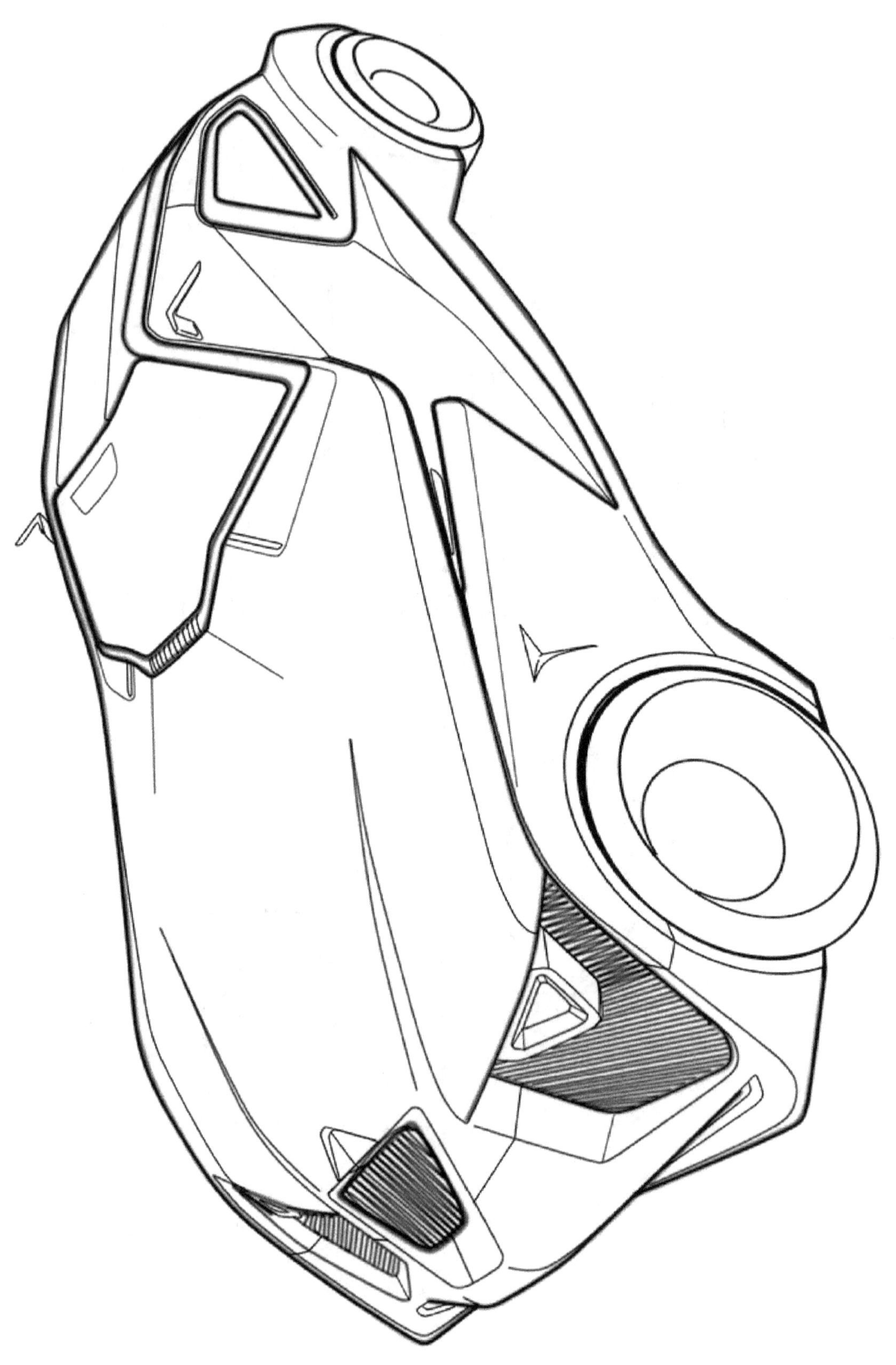

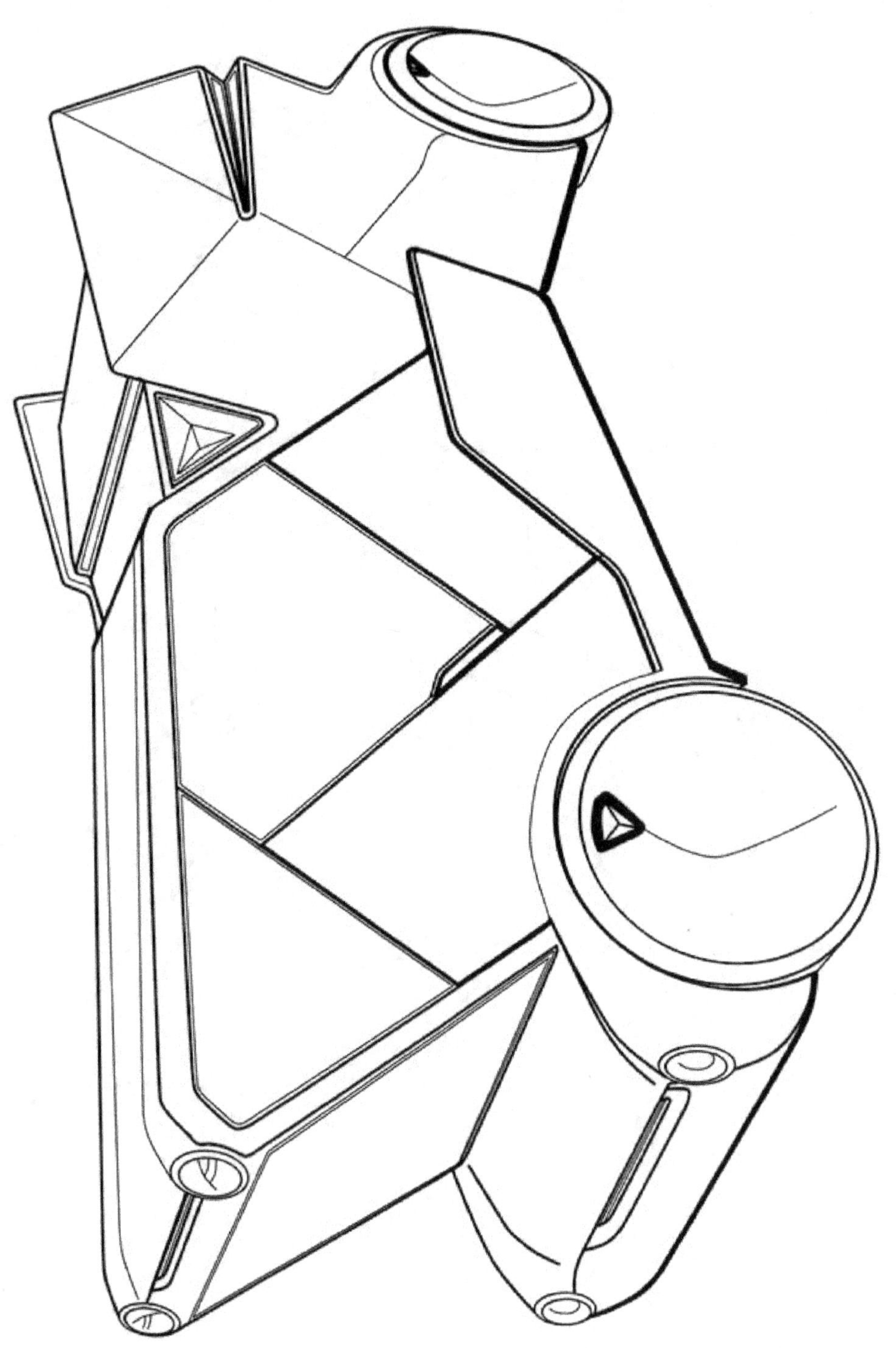

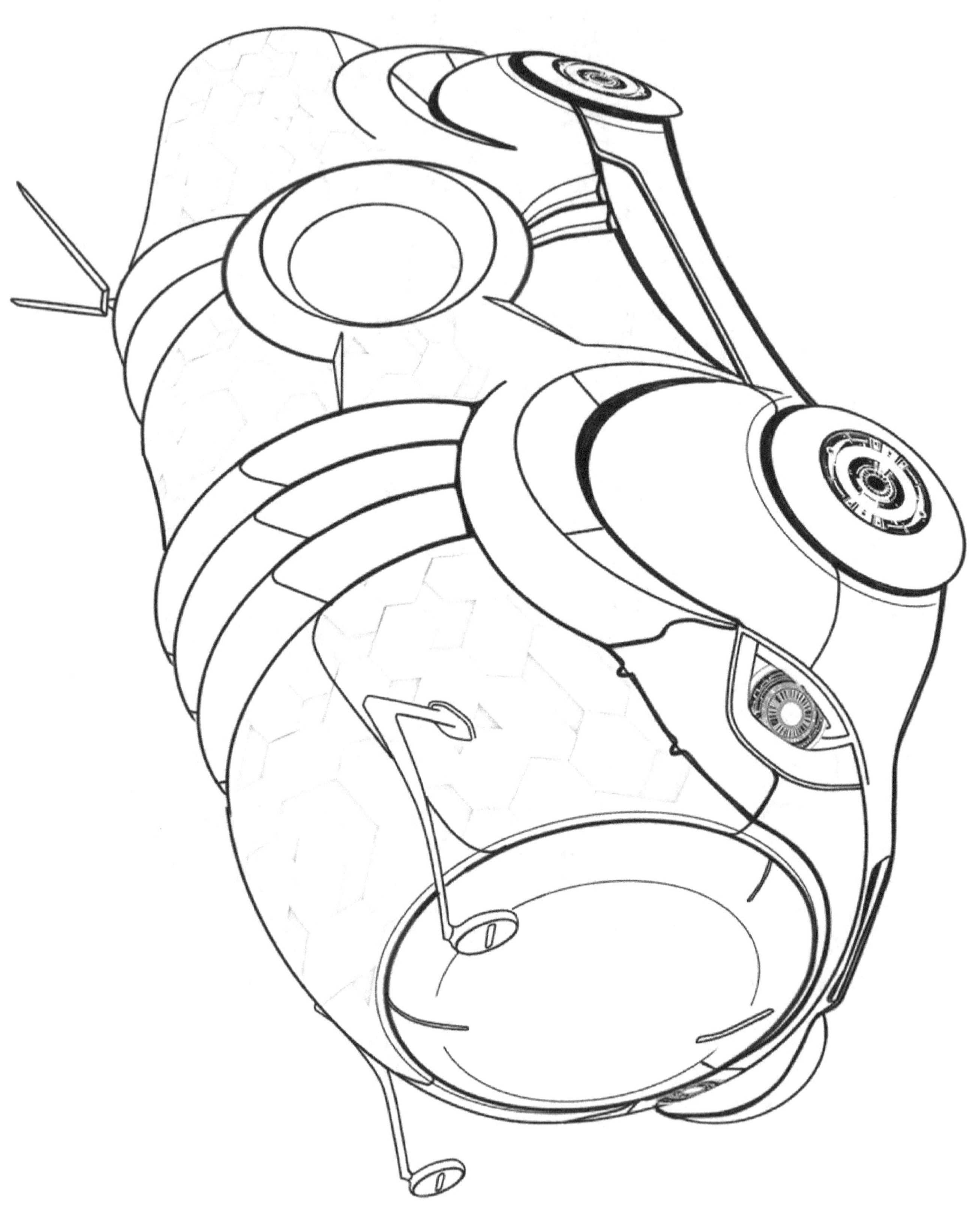

Styson Design

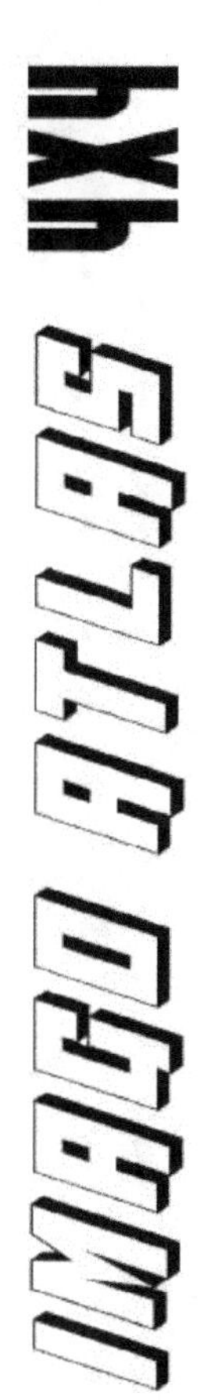

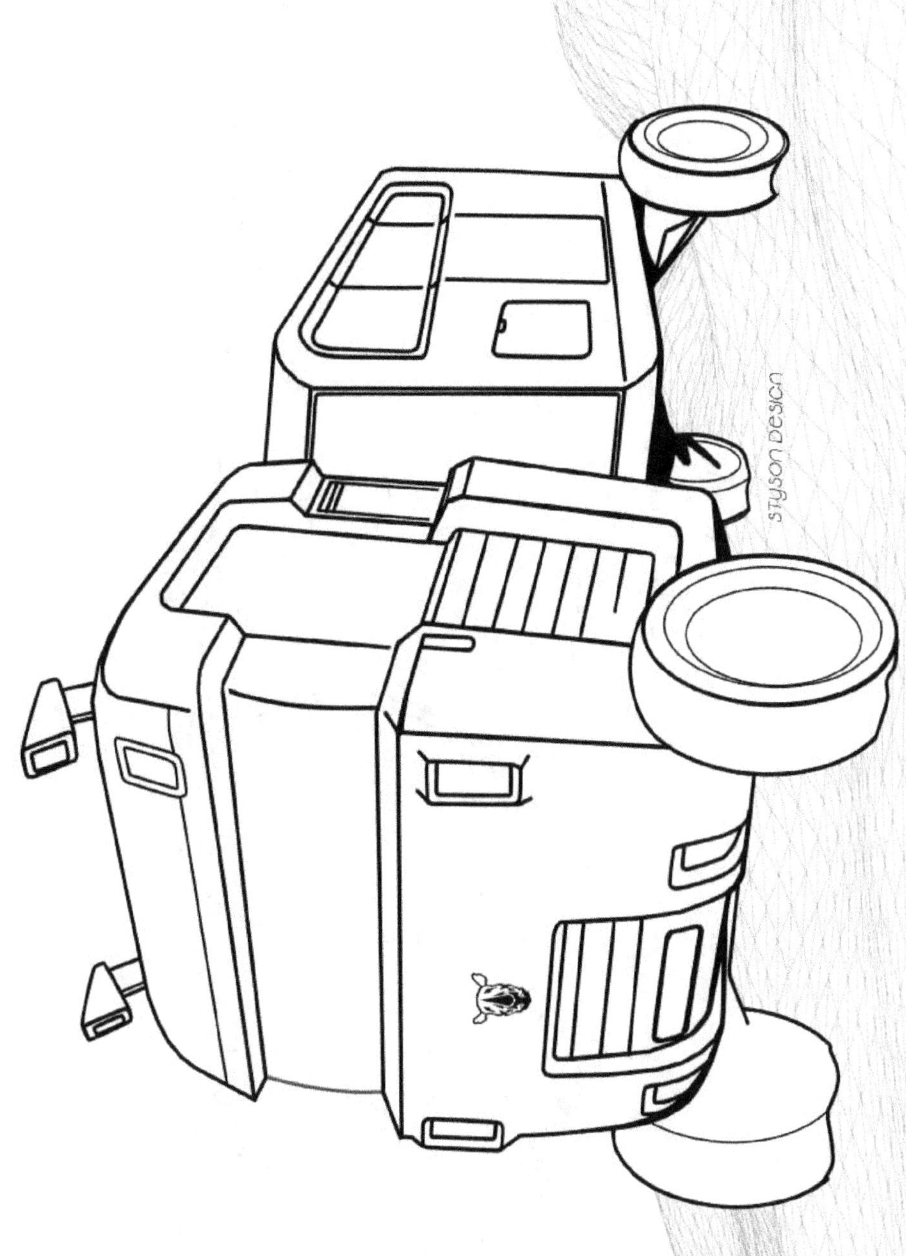

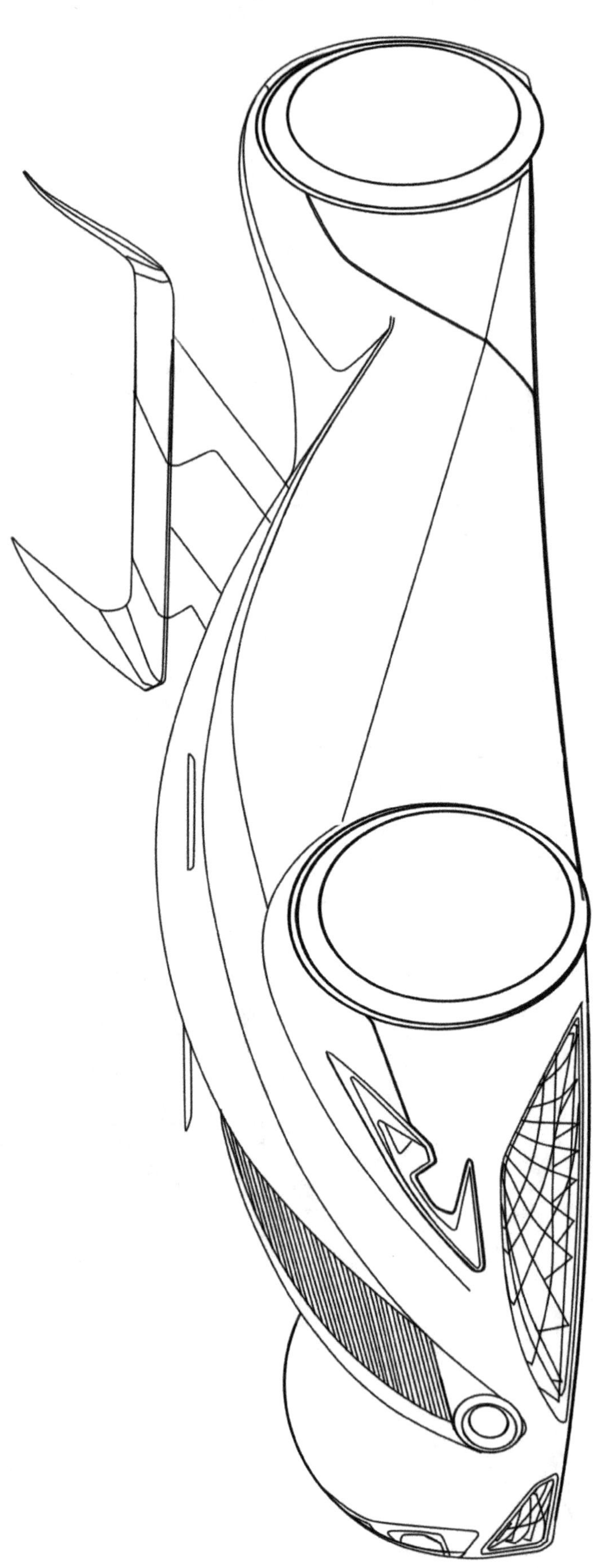

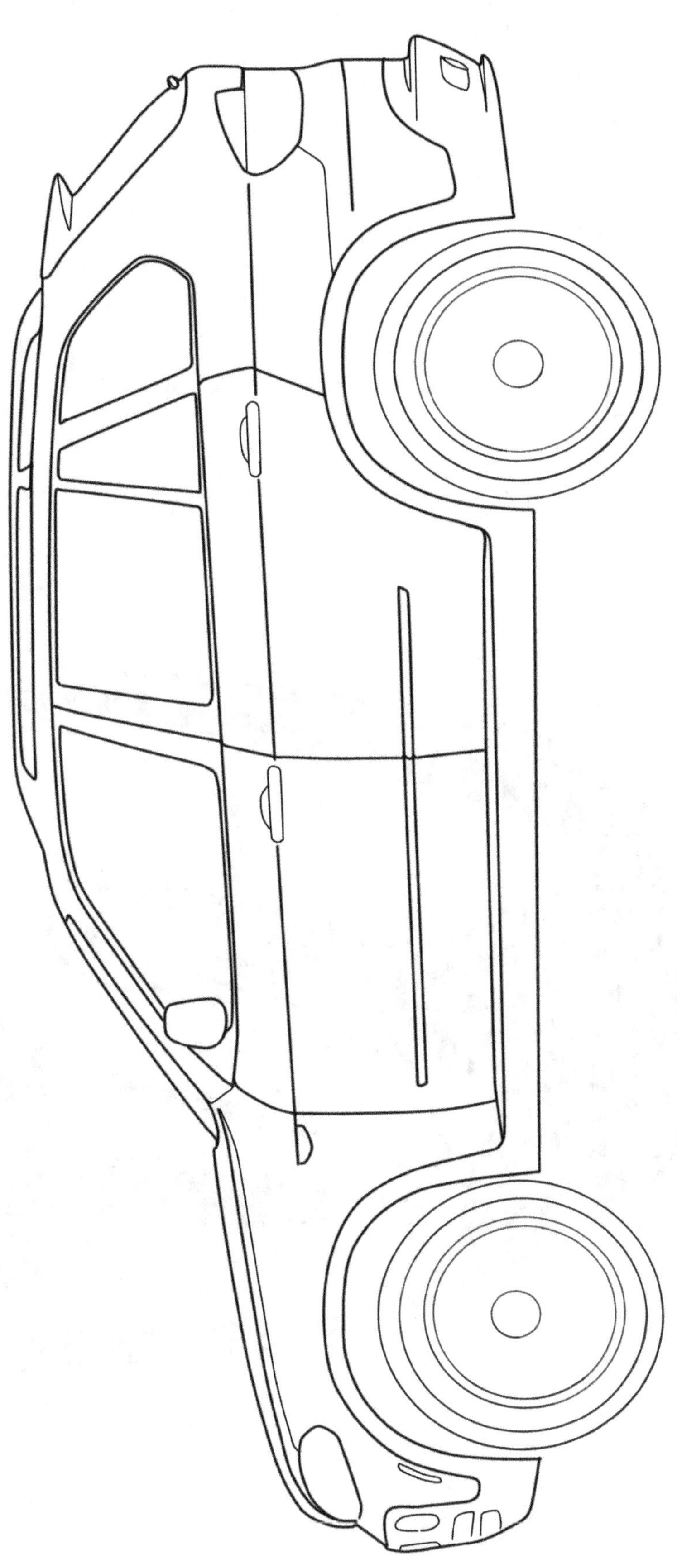

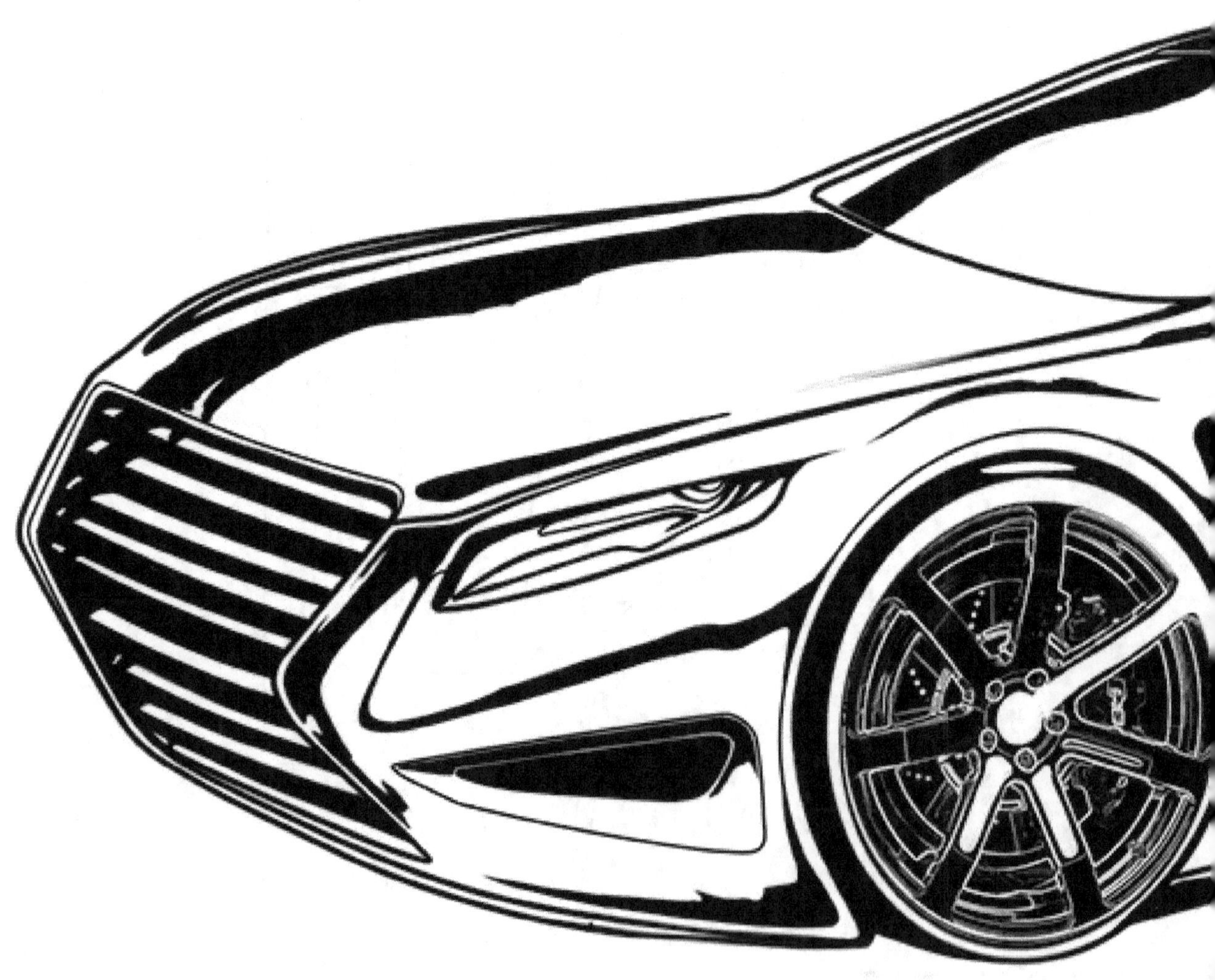

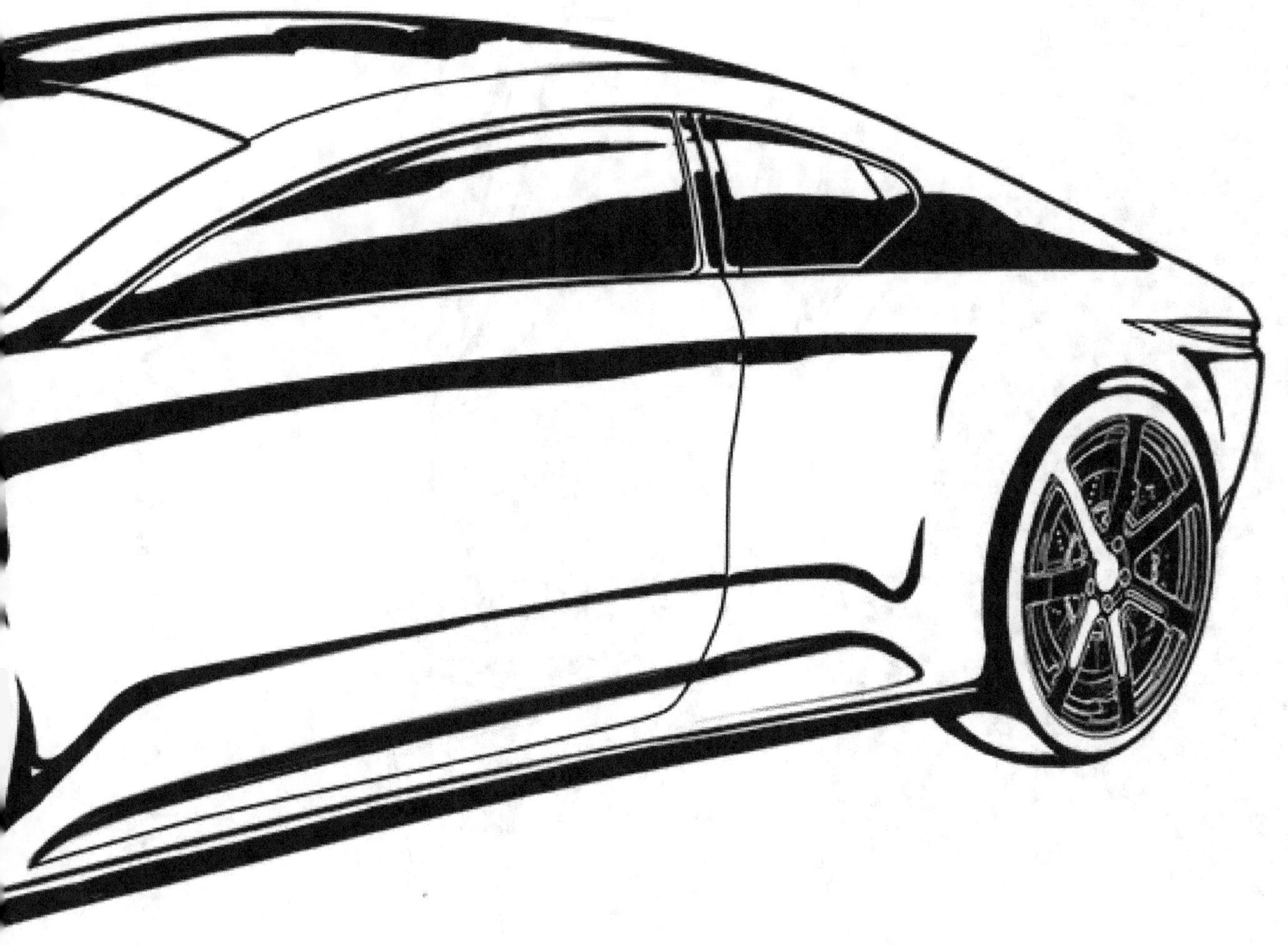

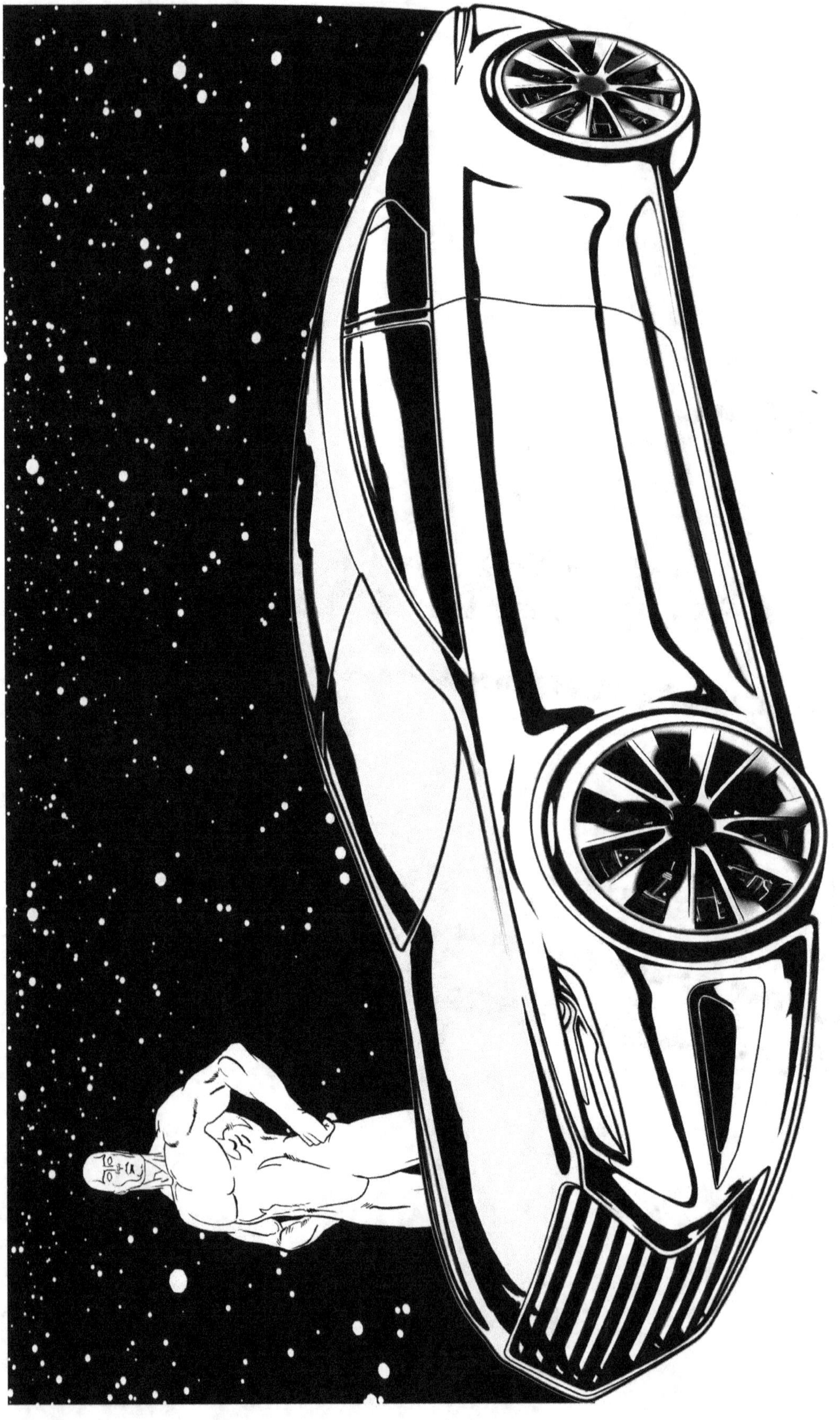

Styson Design

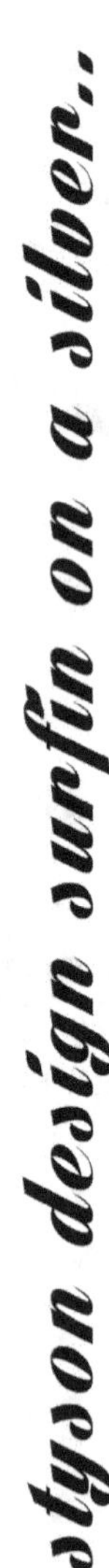

styson design surfin on a silver..

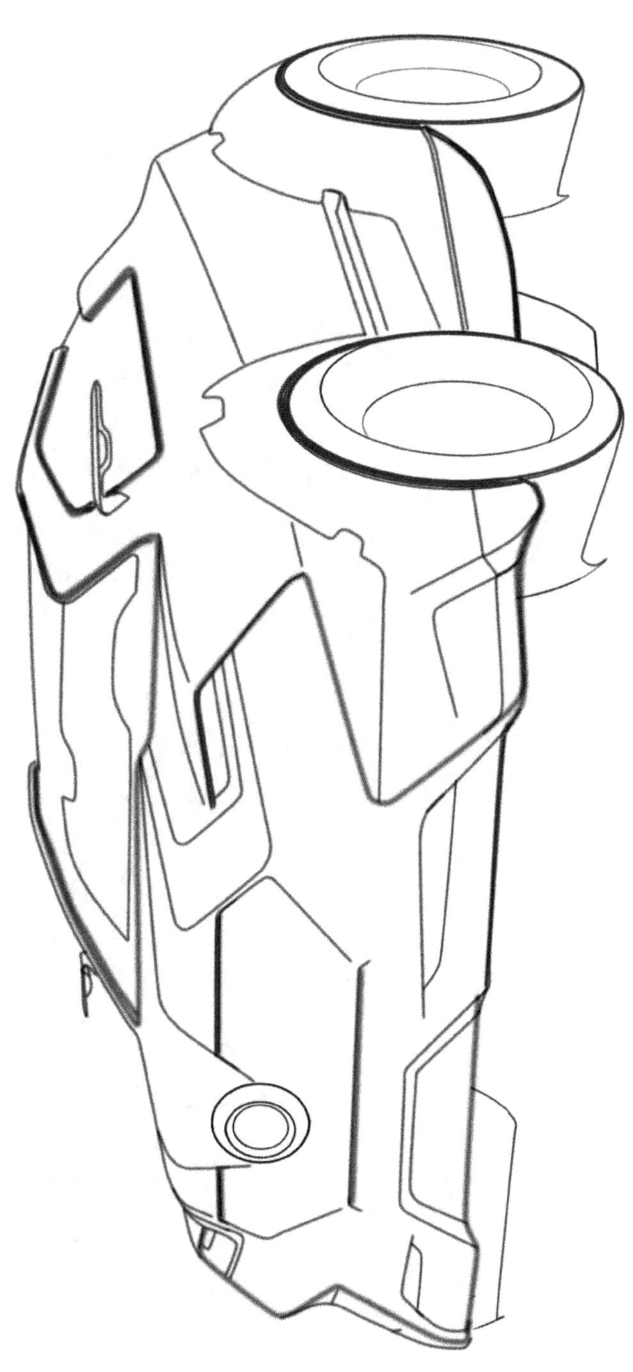

Styson Design

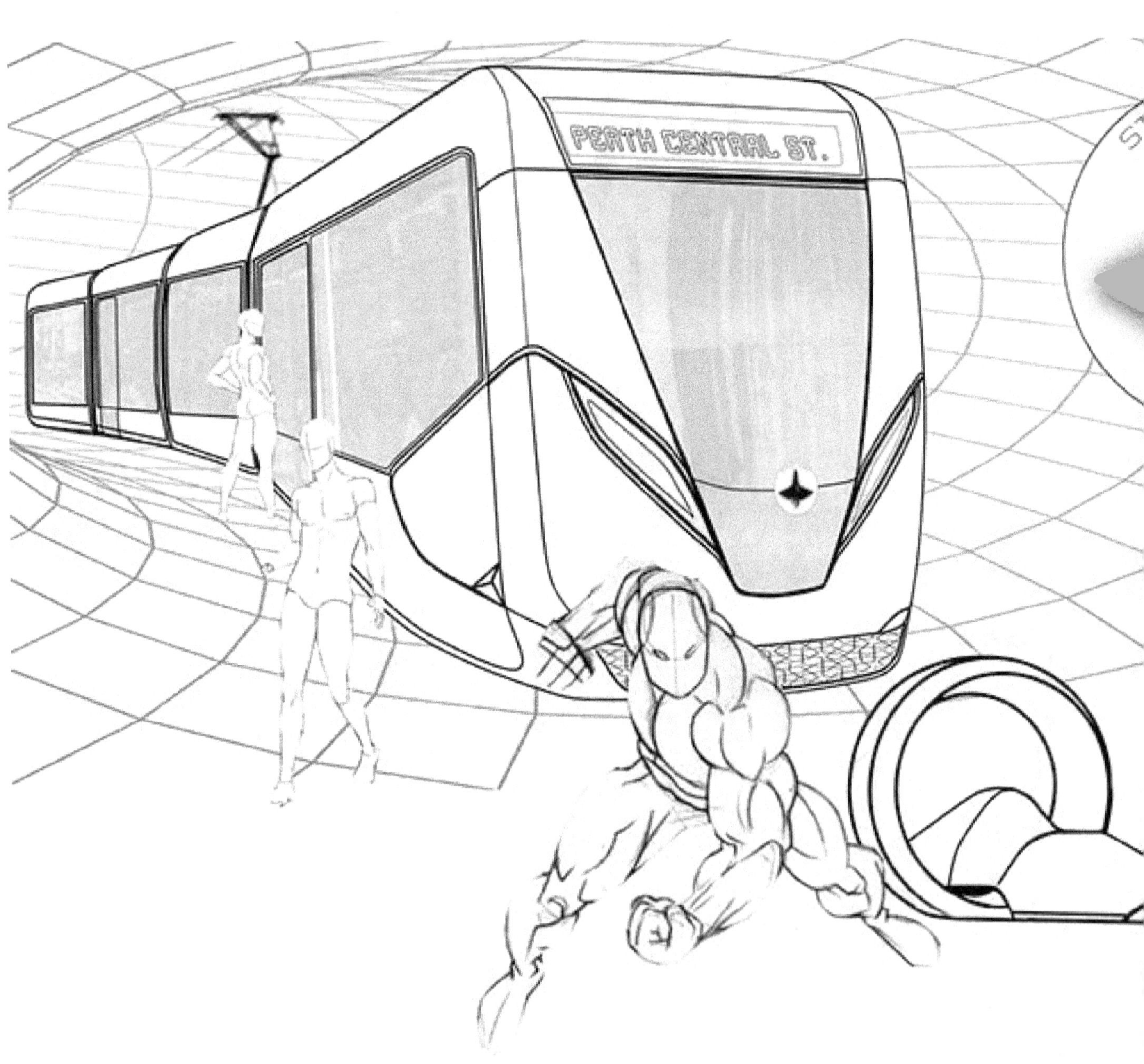

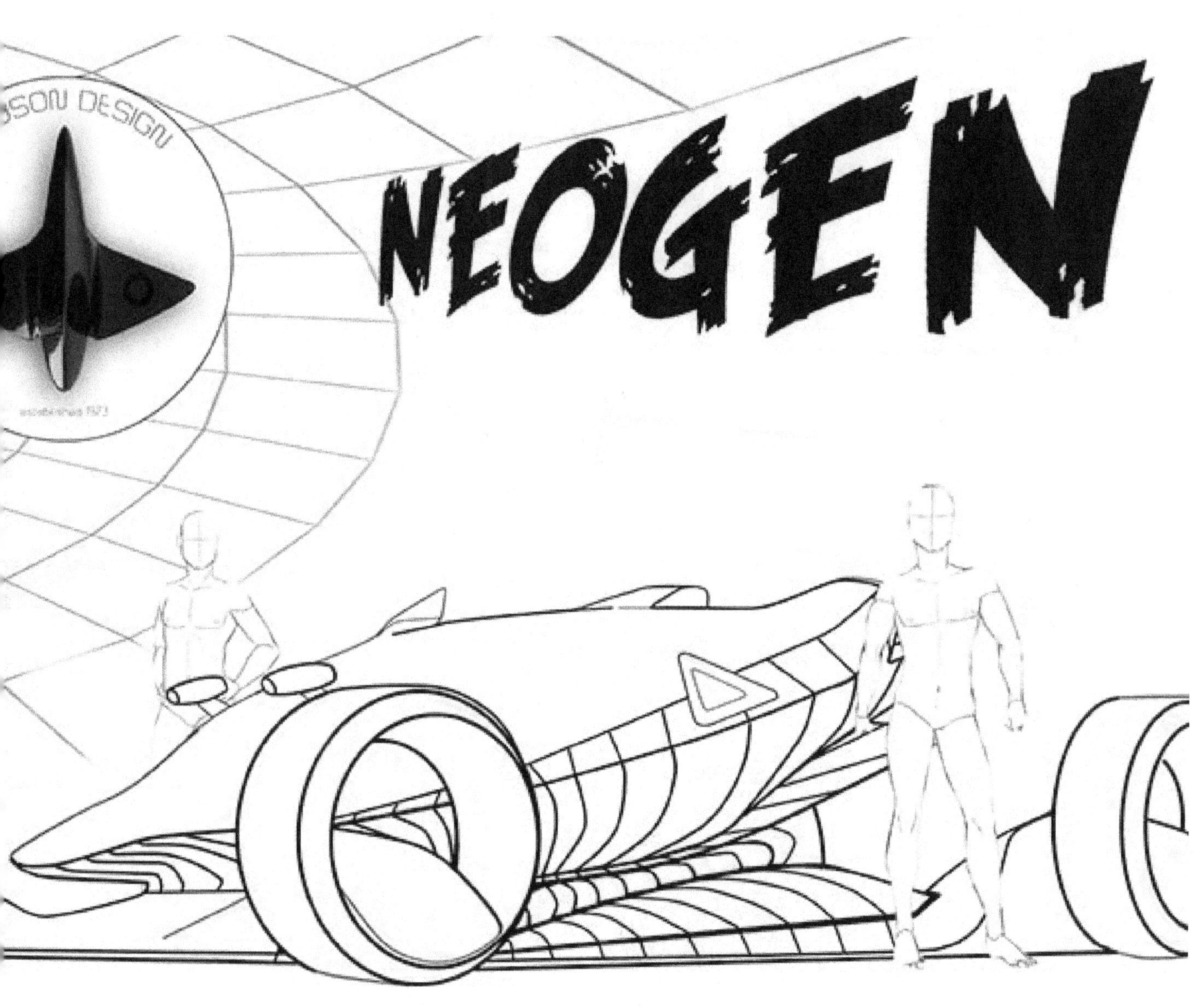
NEOGEN

Styson Design

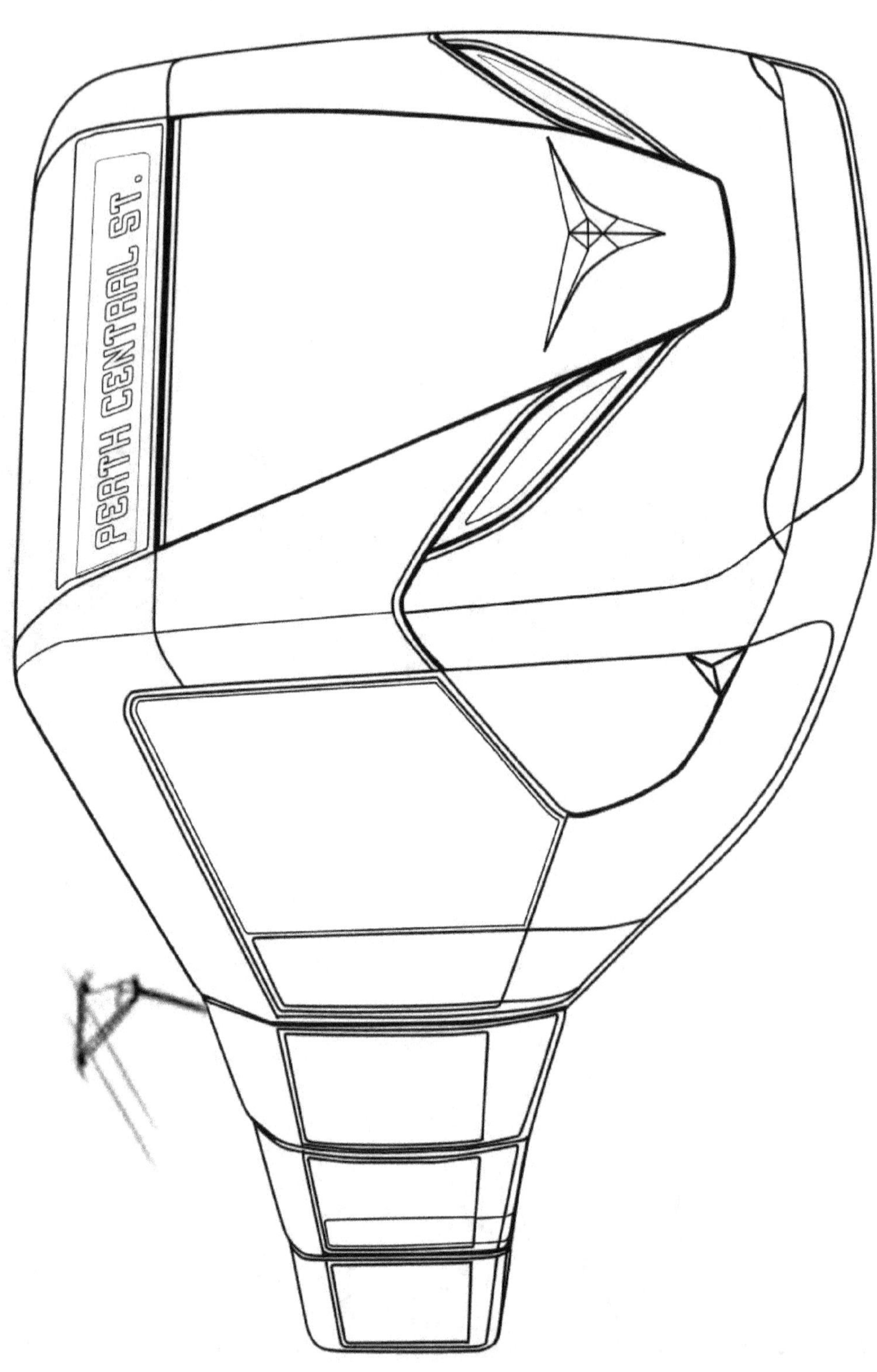

Styson Design

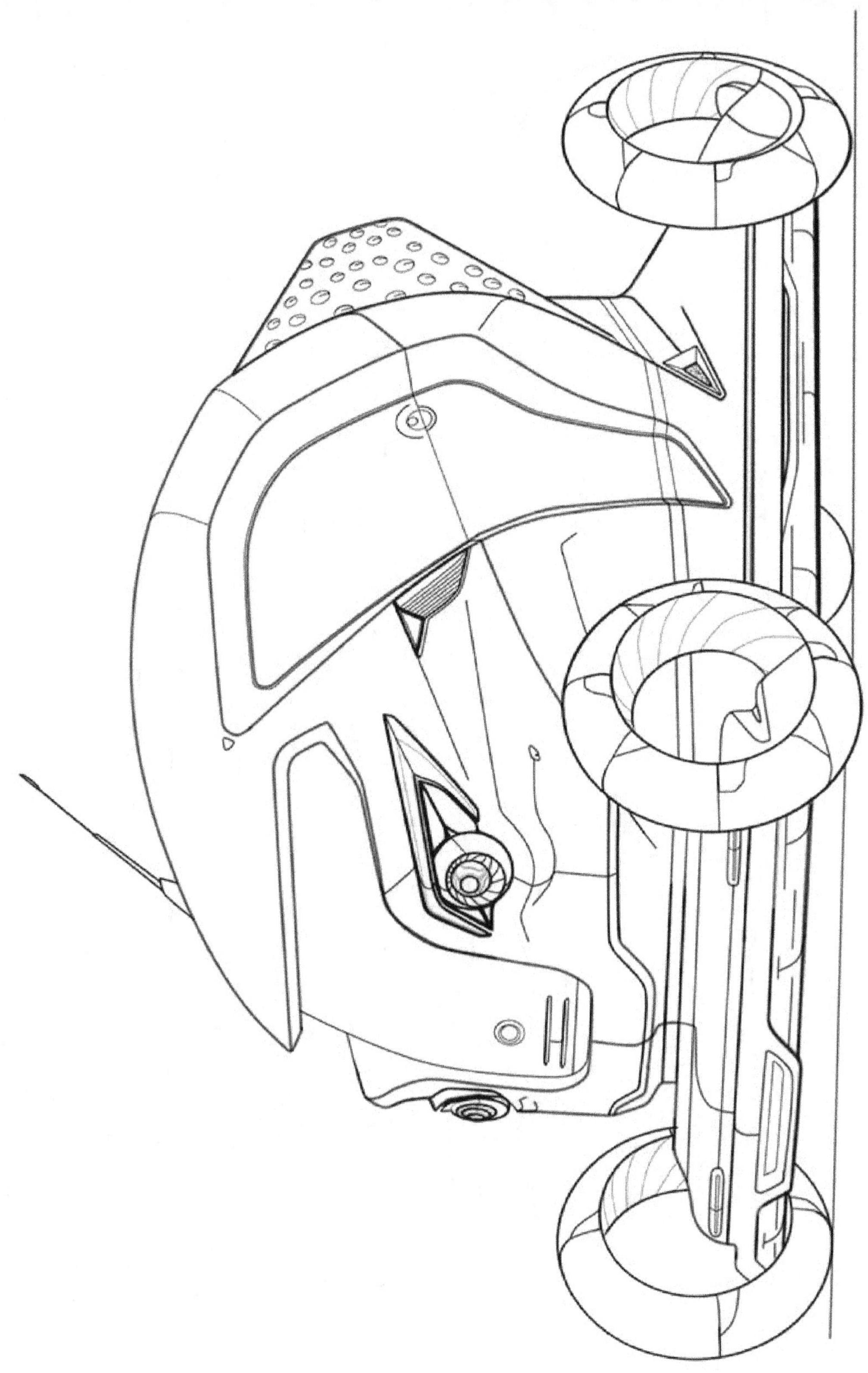

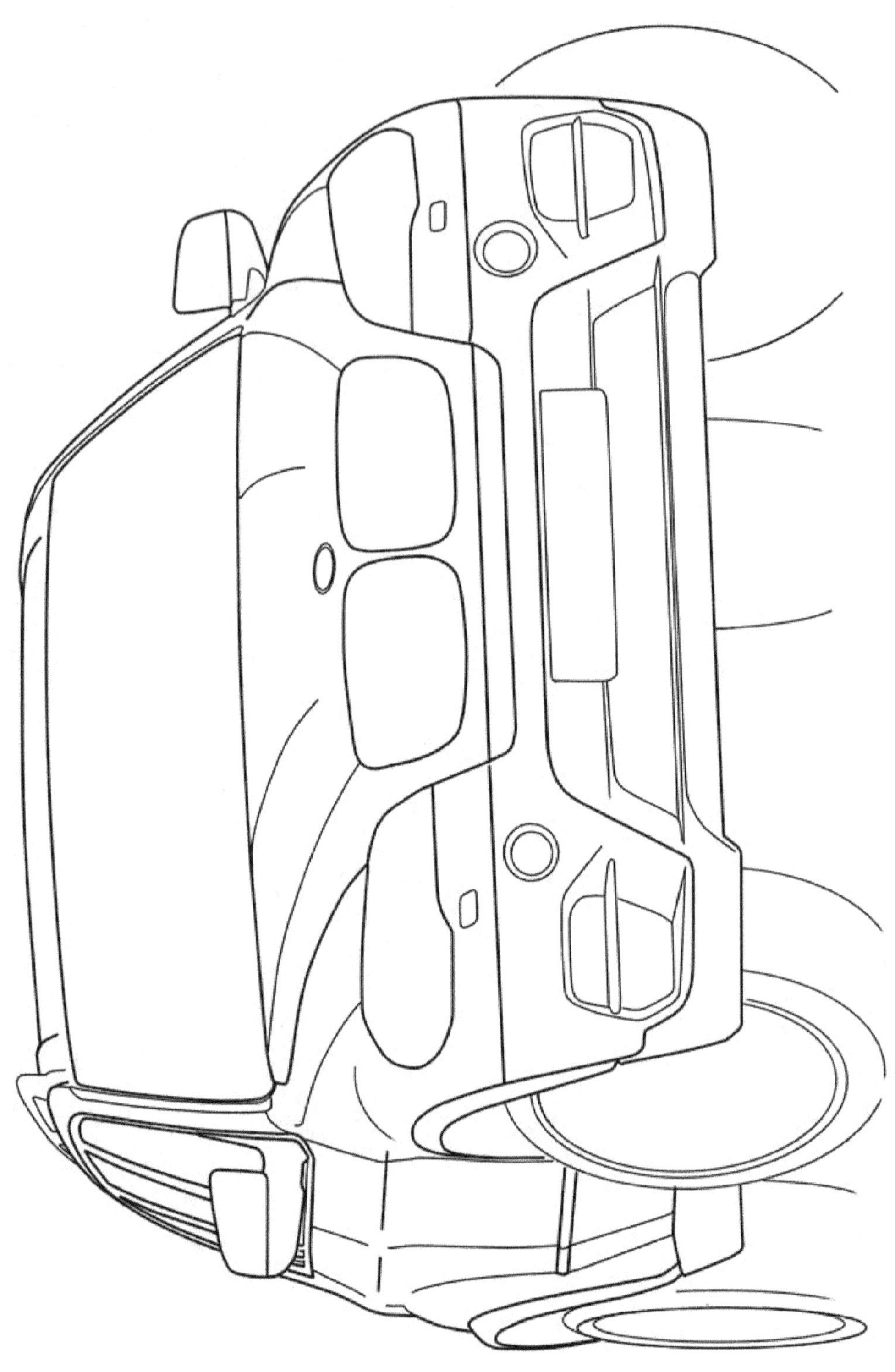

Styson Design

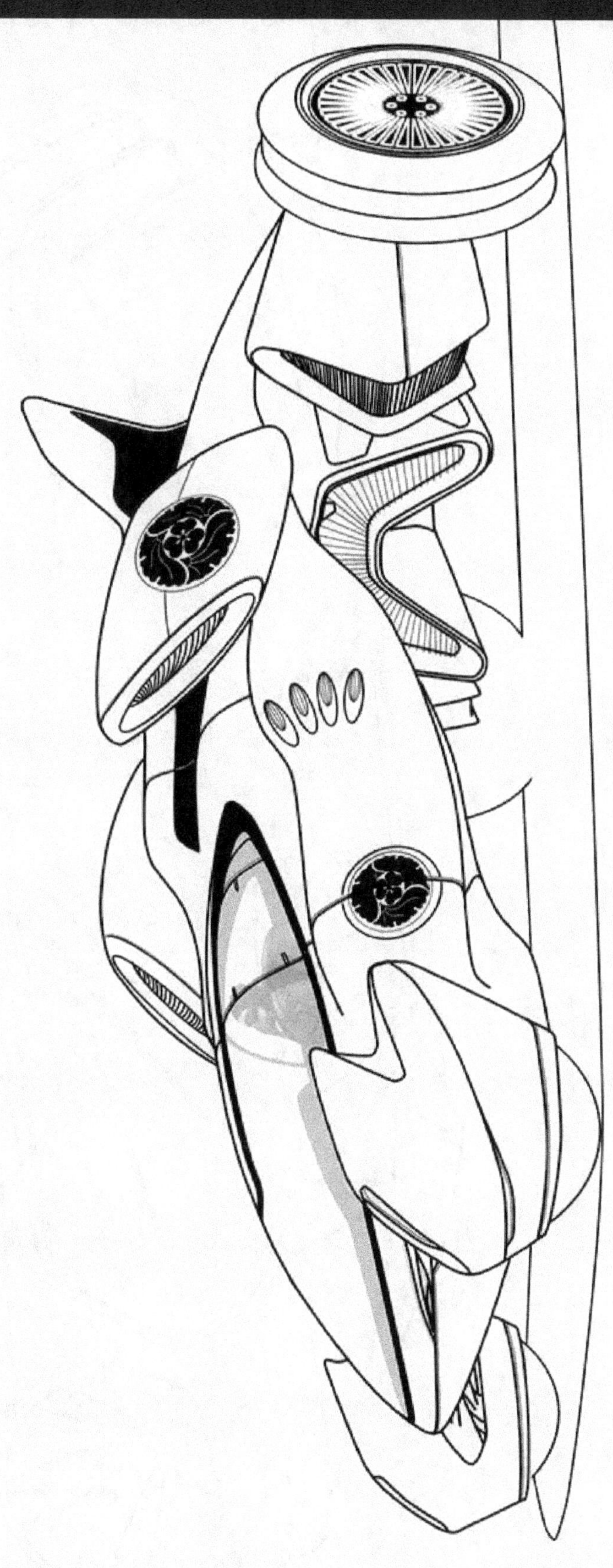

Styson Design

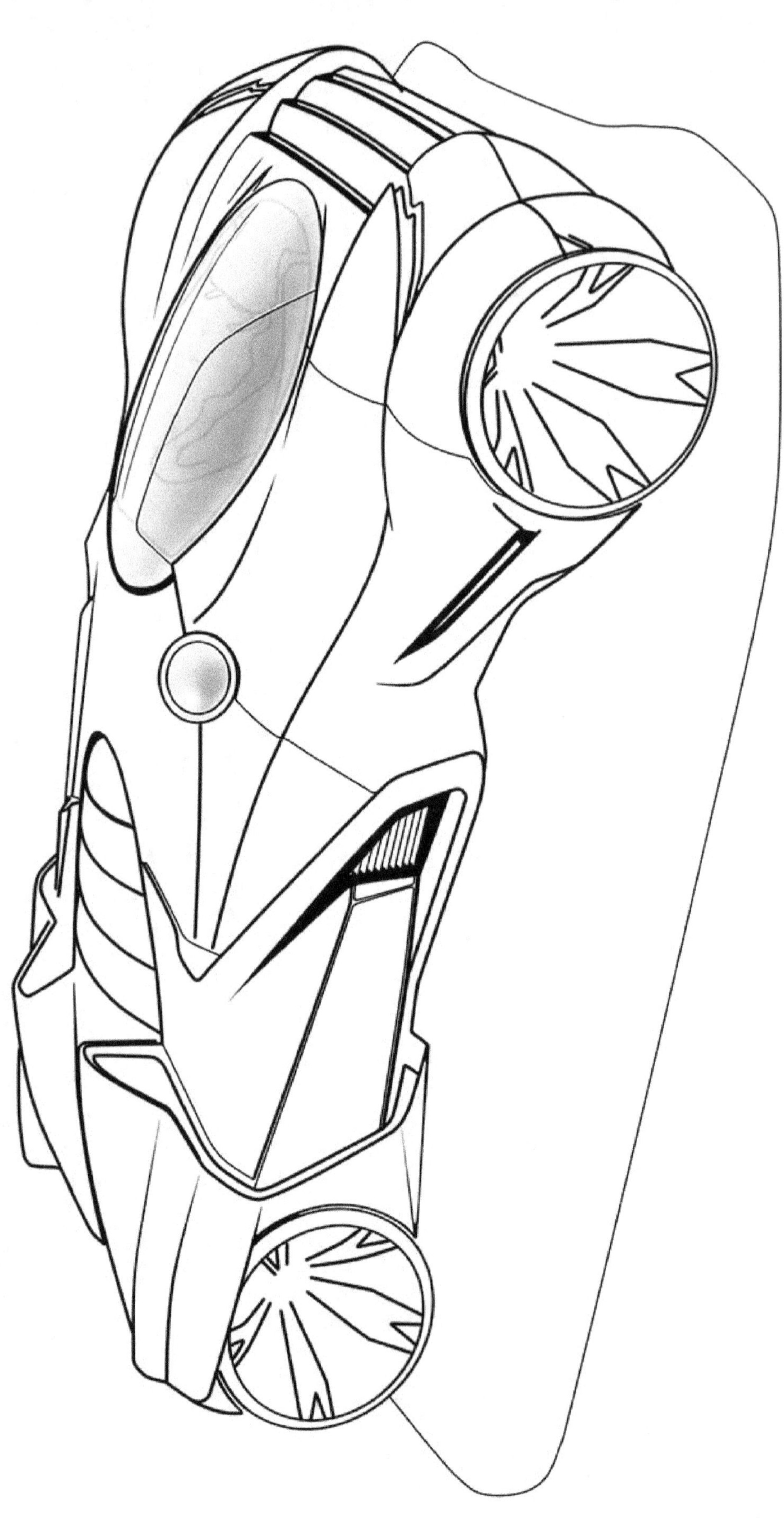

Styson Design

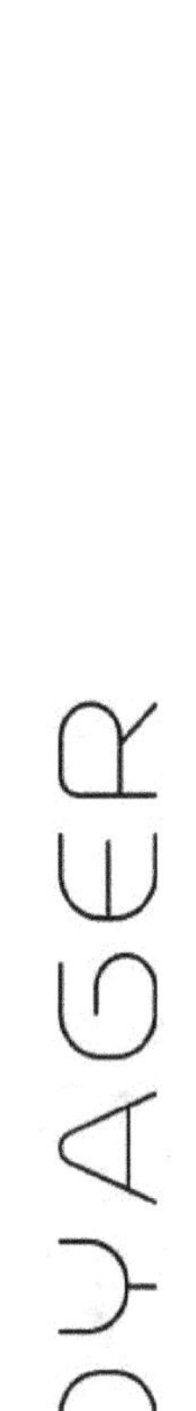

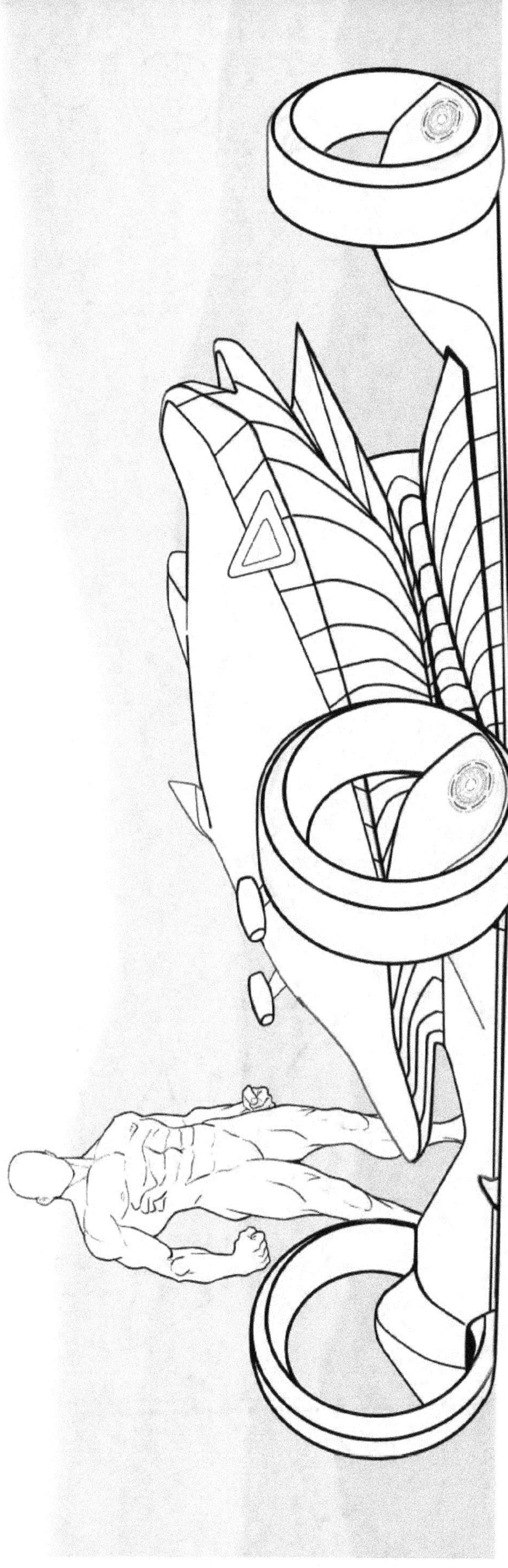

EON VOYAGER

styson design

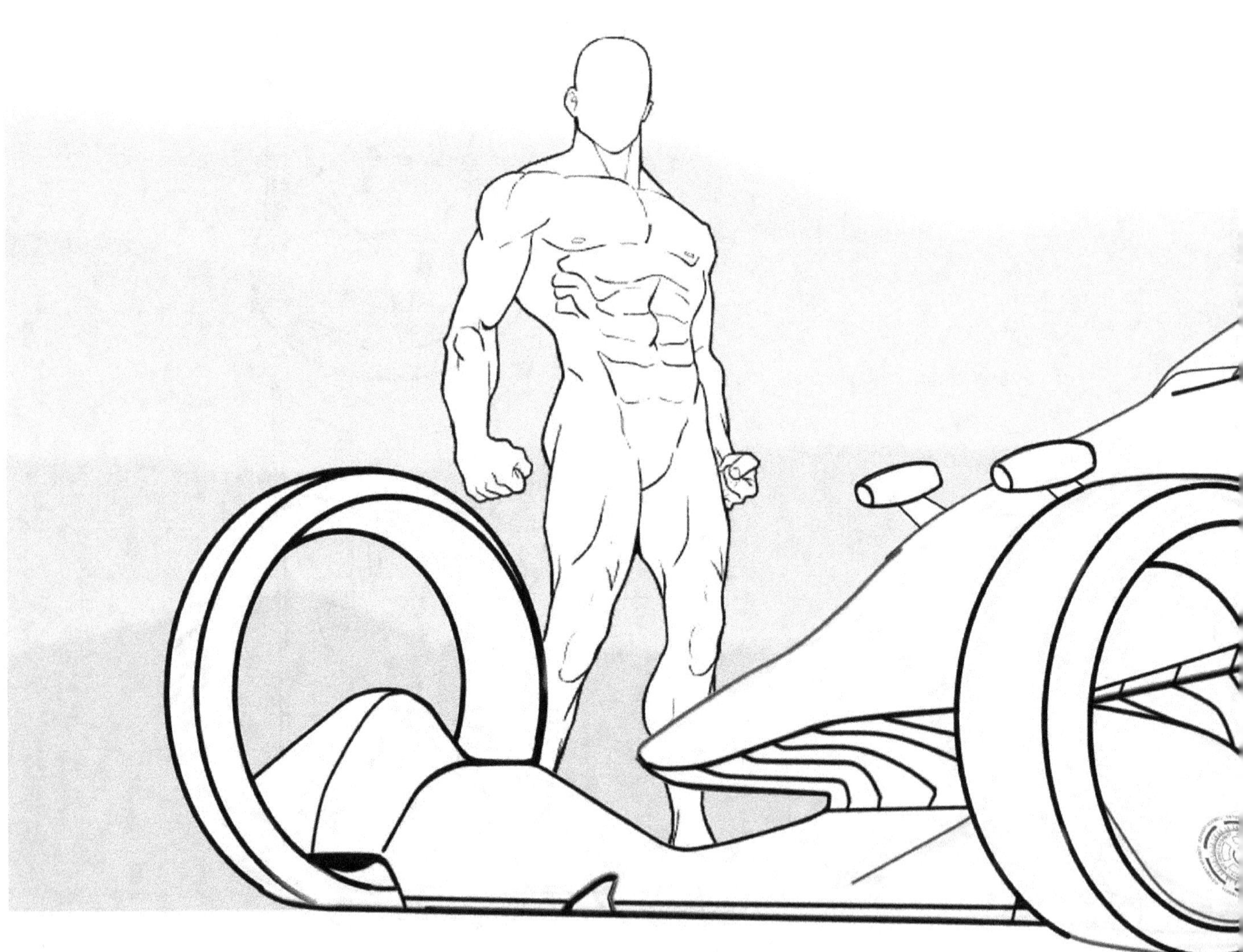

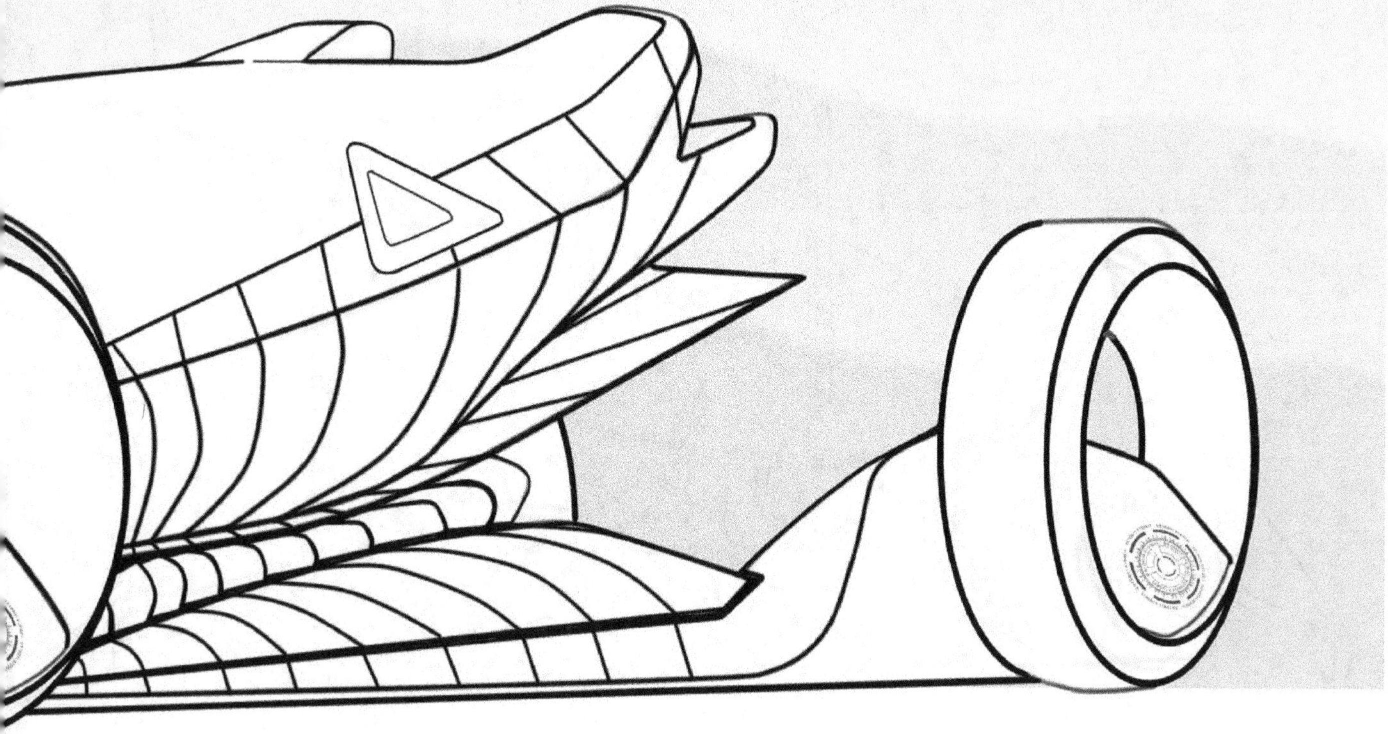

Styson Design

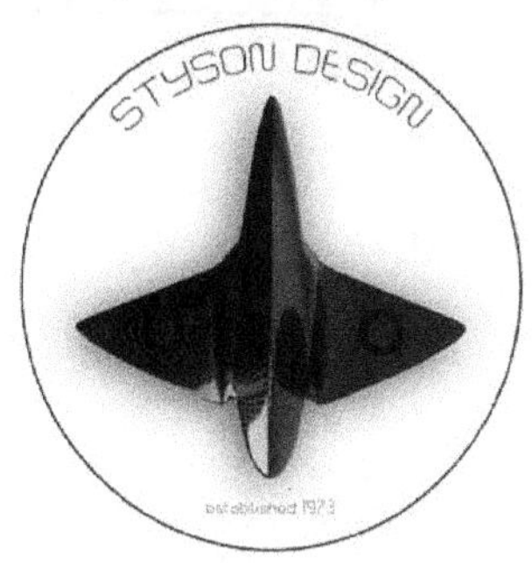

Styson Design

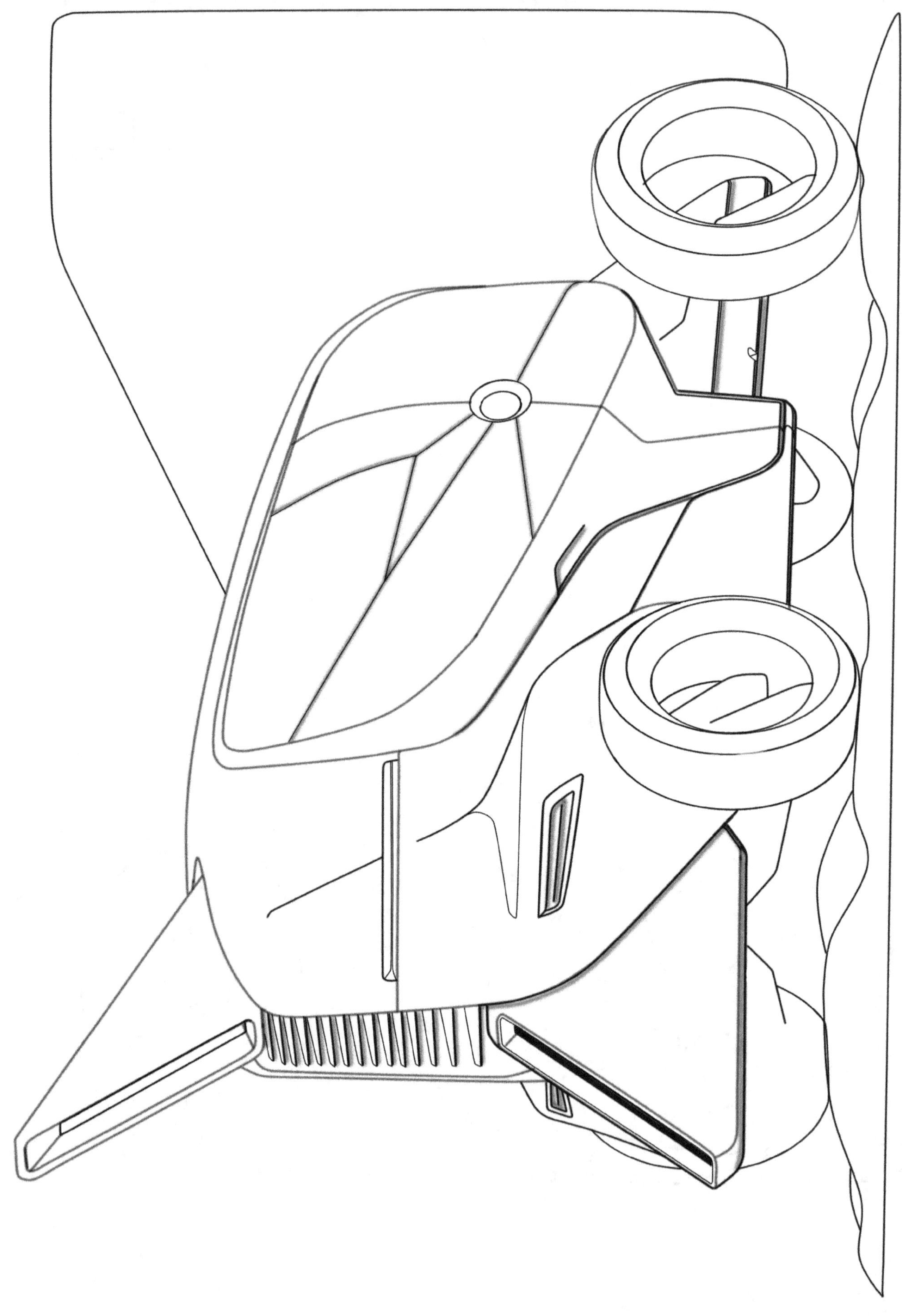

Styson Design

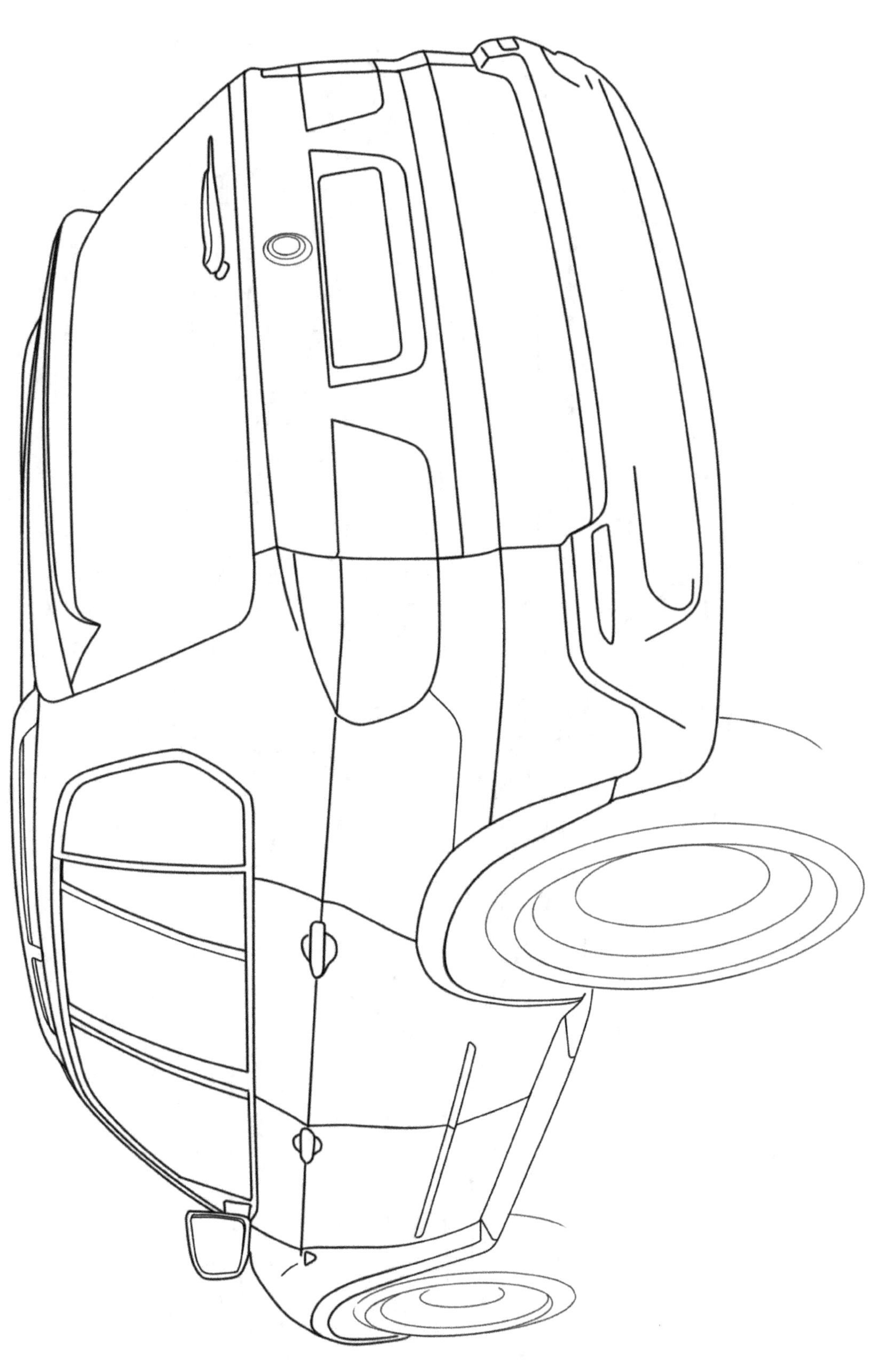

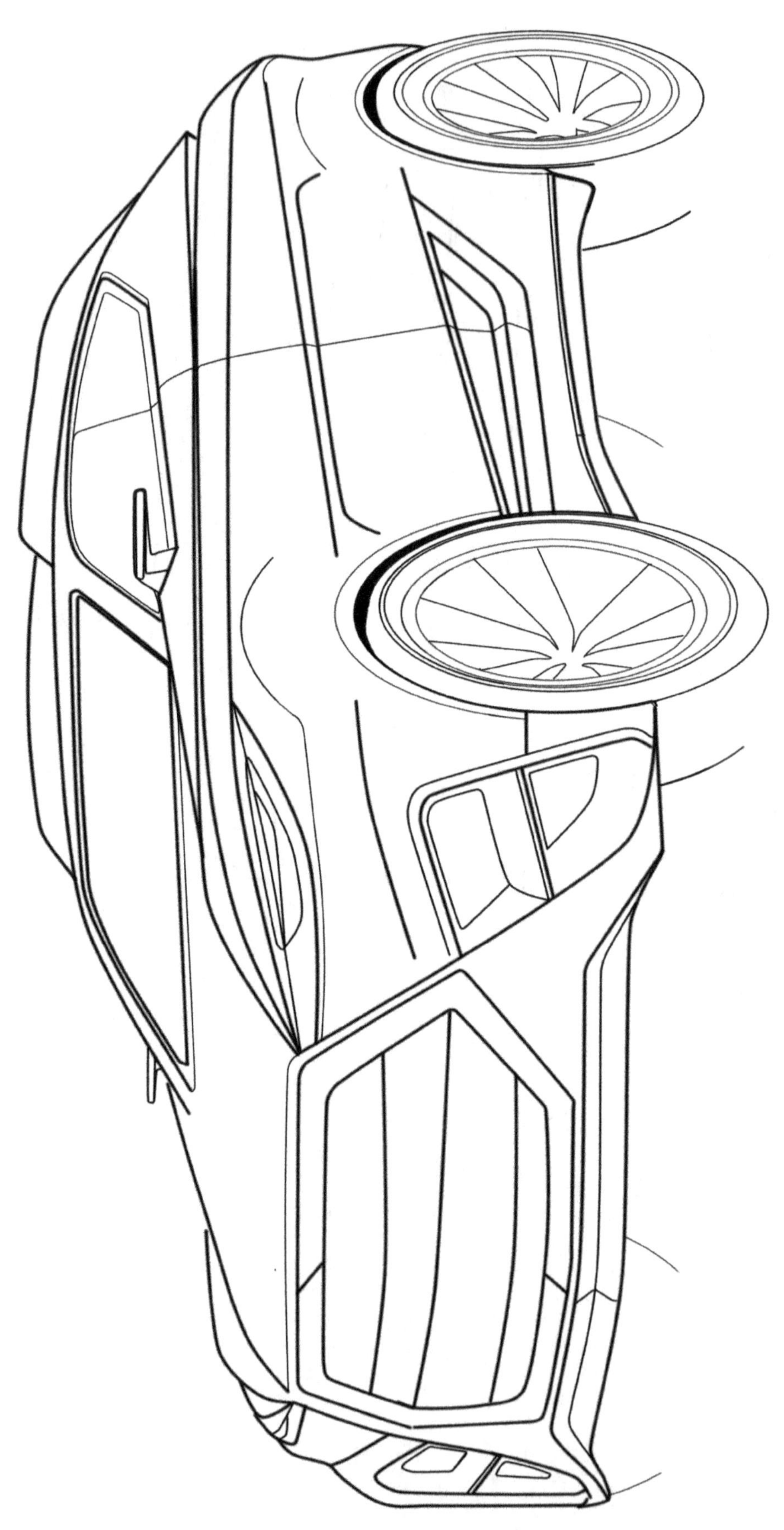

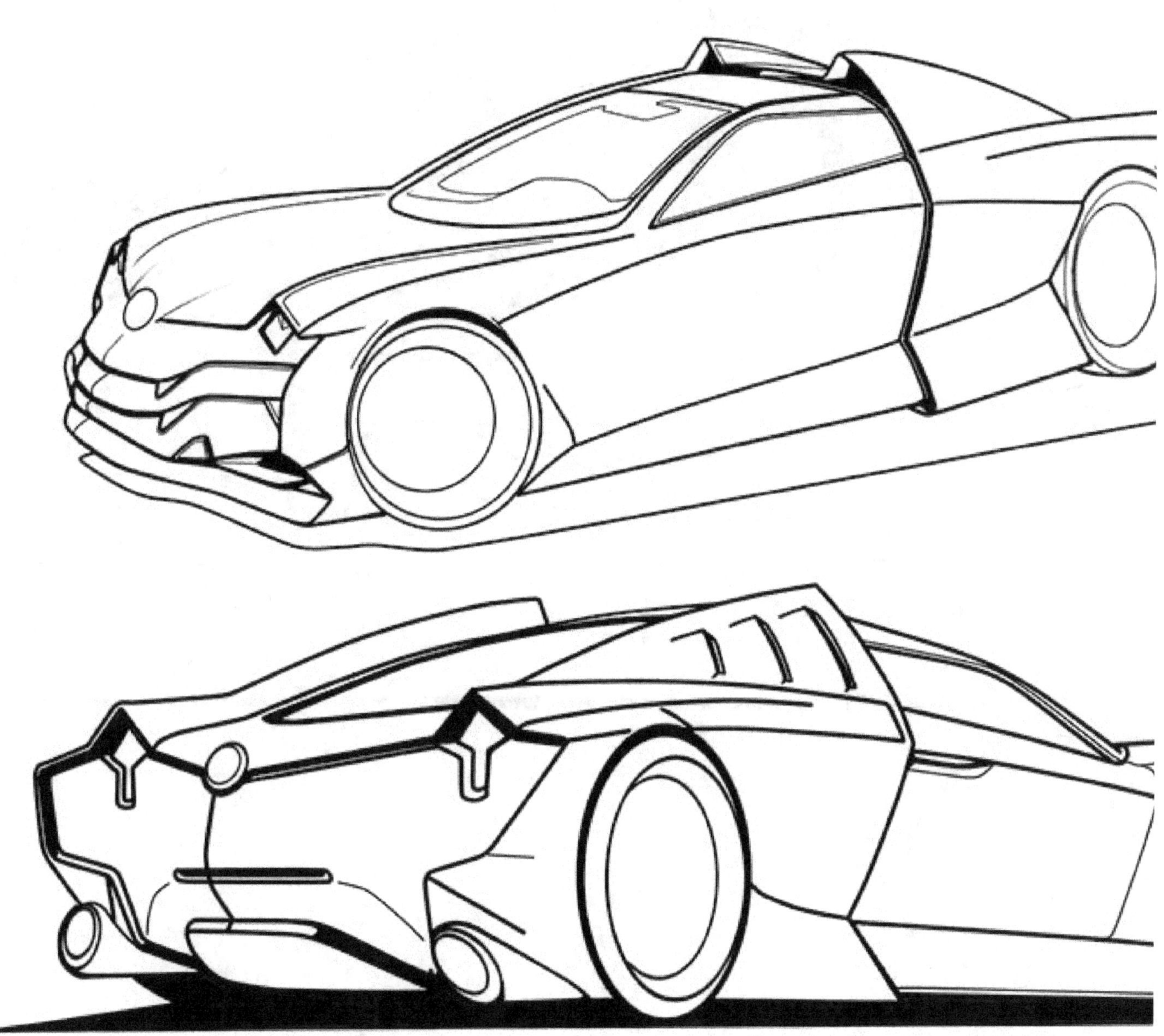

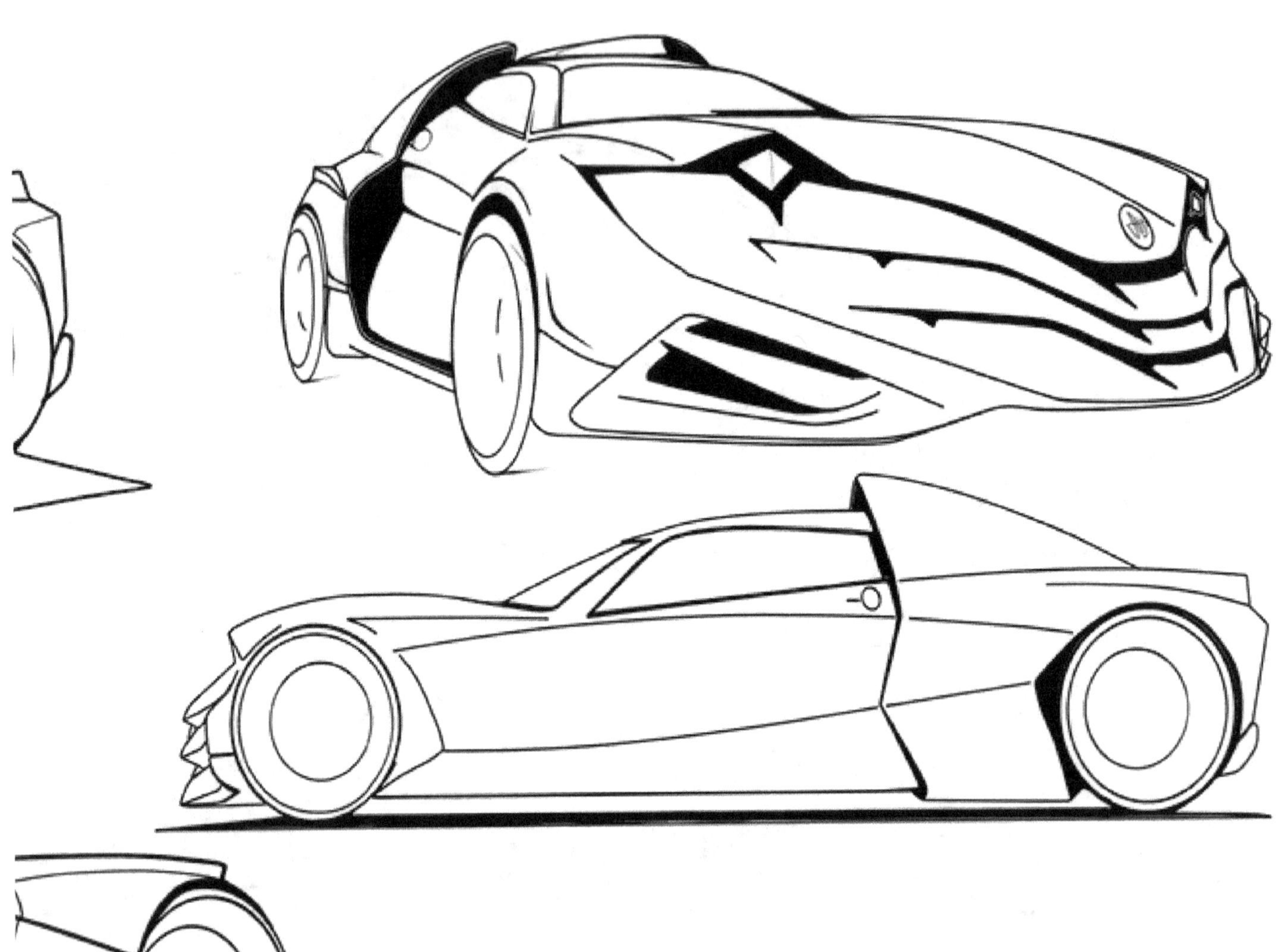

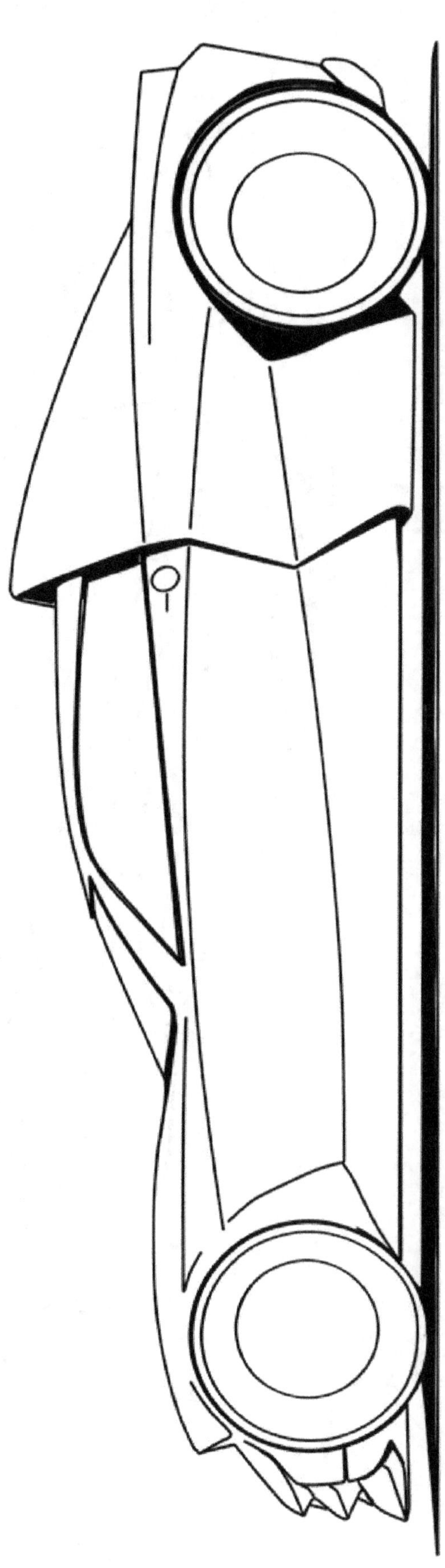

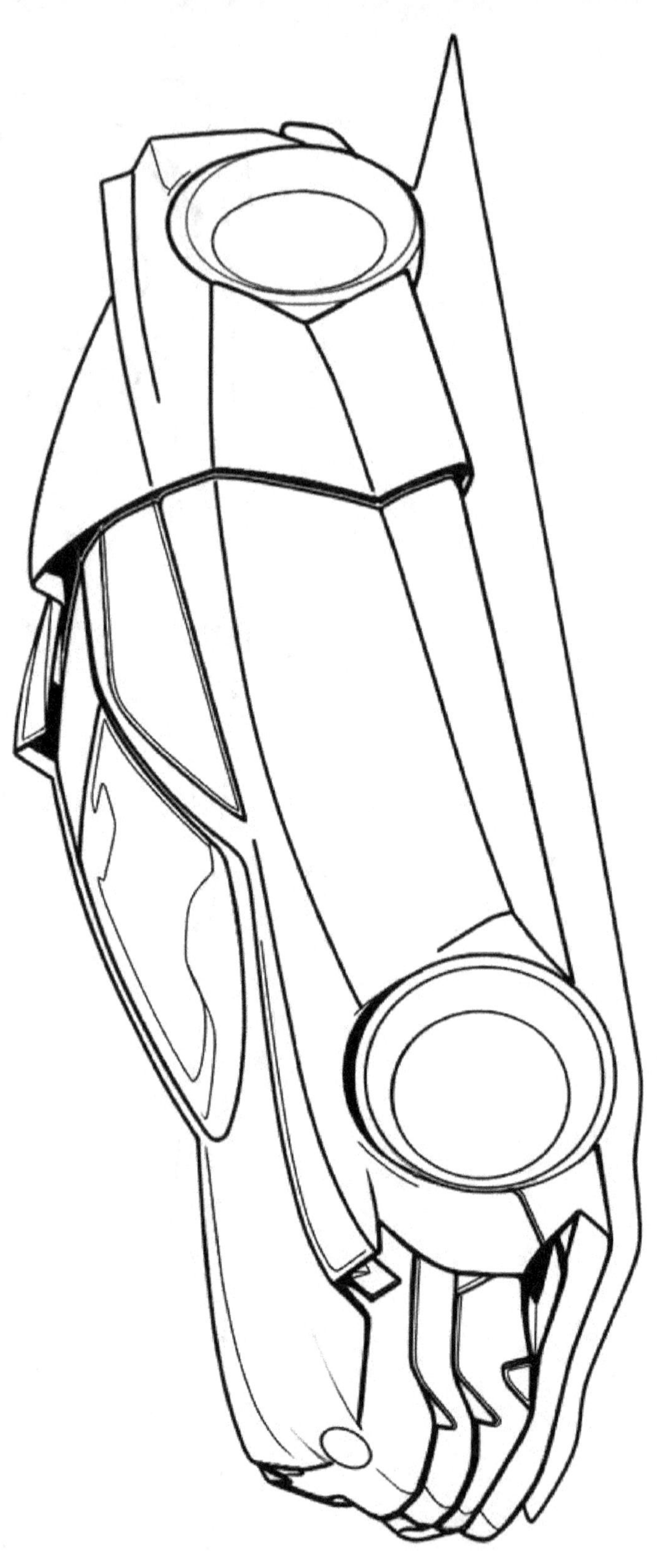

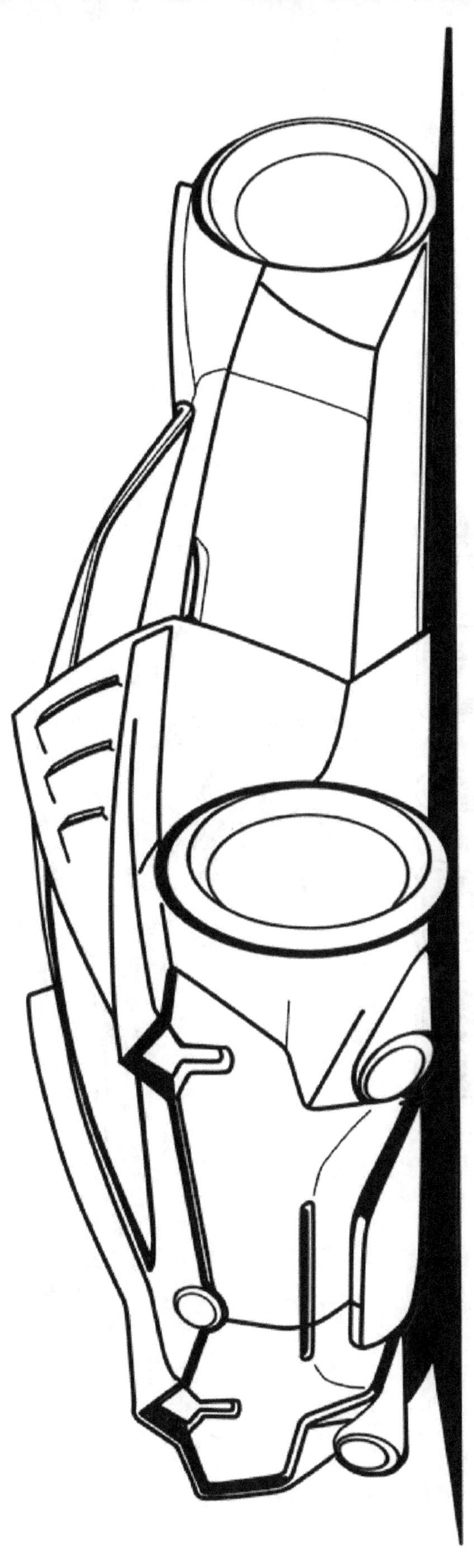

Styson Design

RACING DYNAMIC

GATOR

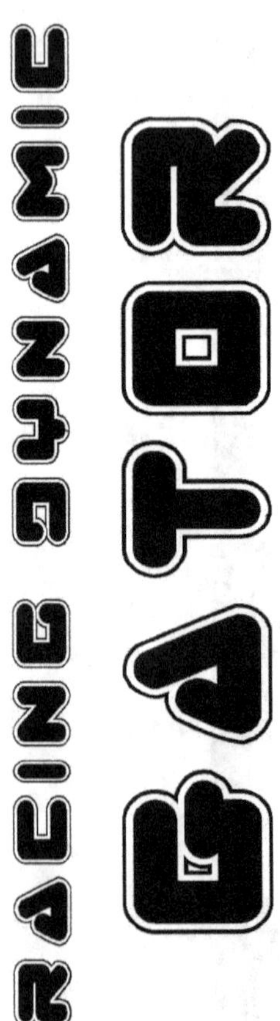

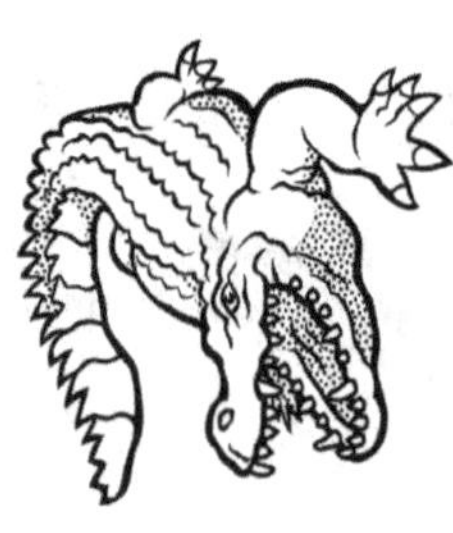

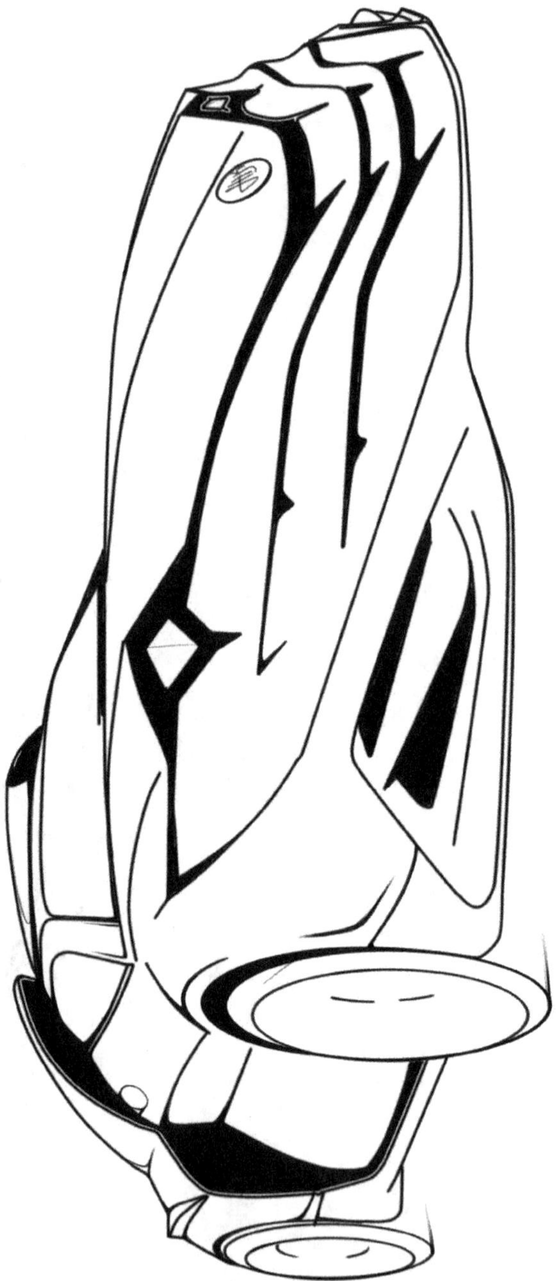

STYSON DESIGN

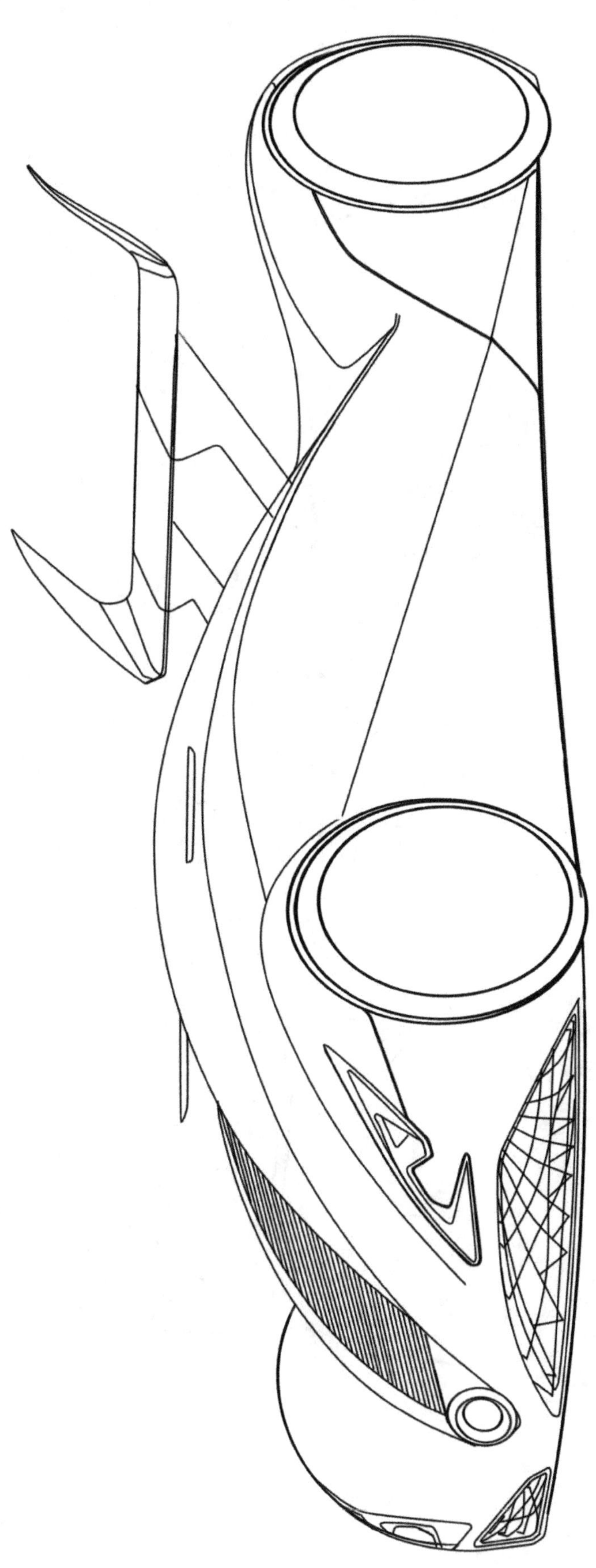

Styson Design

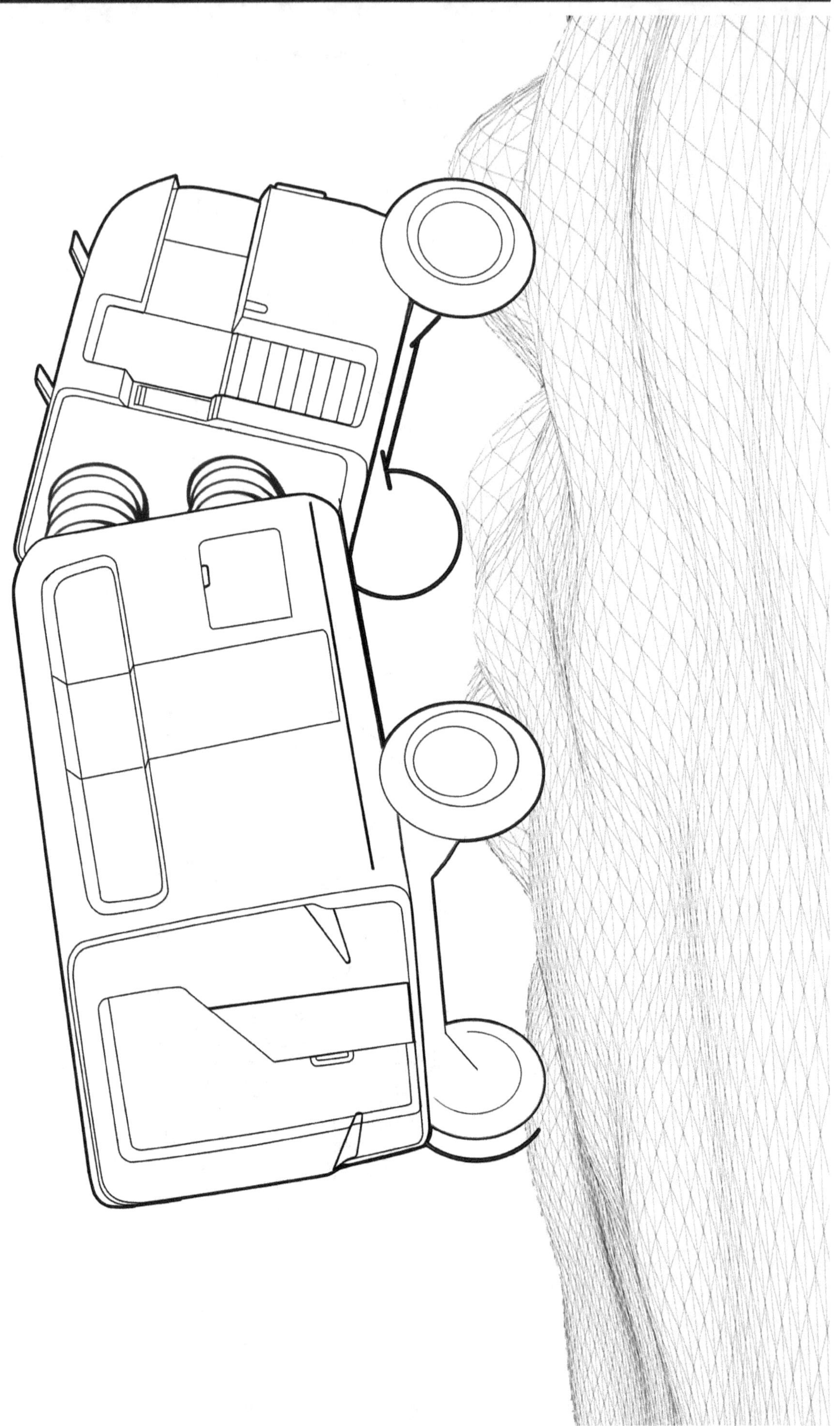

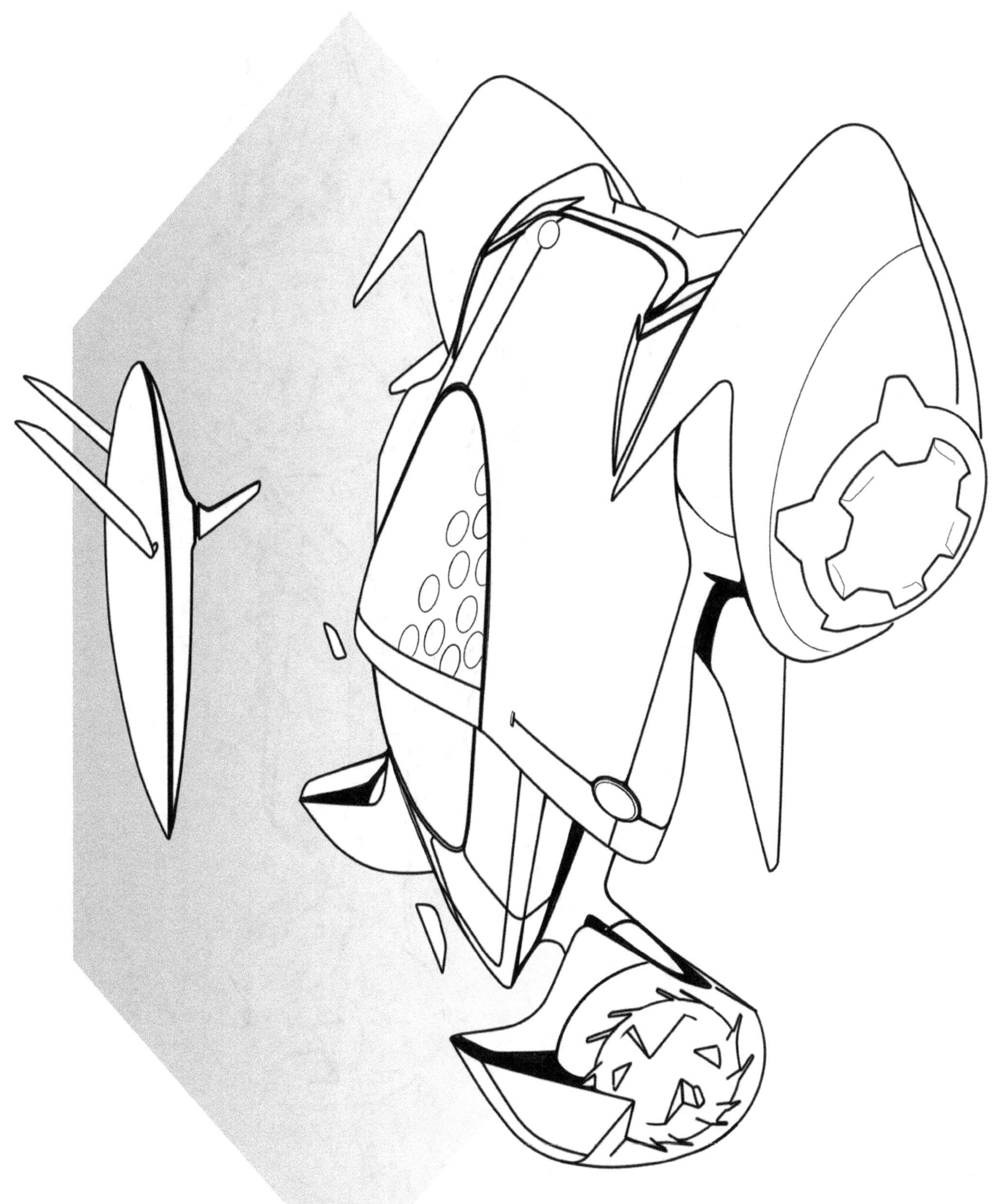

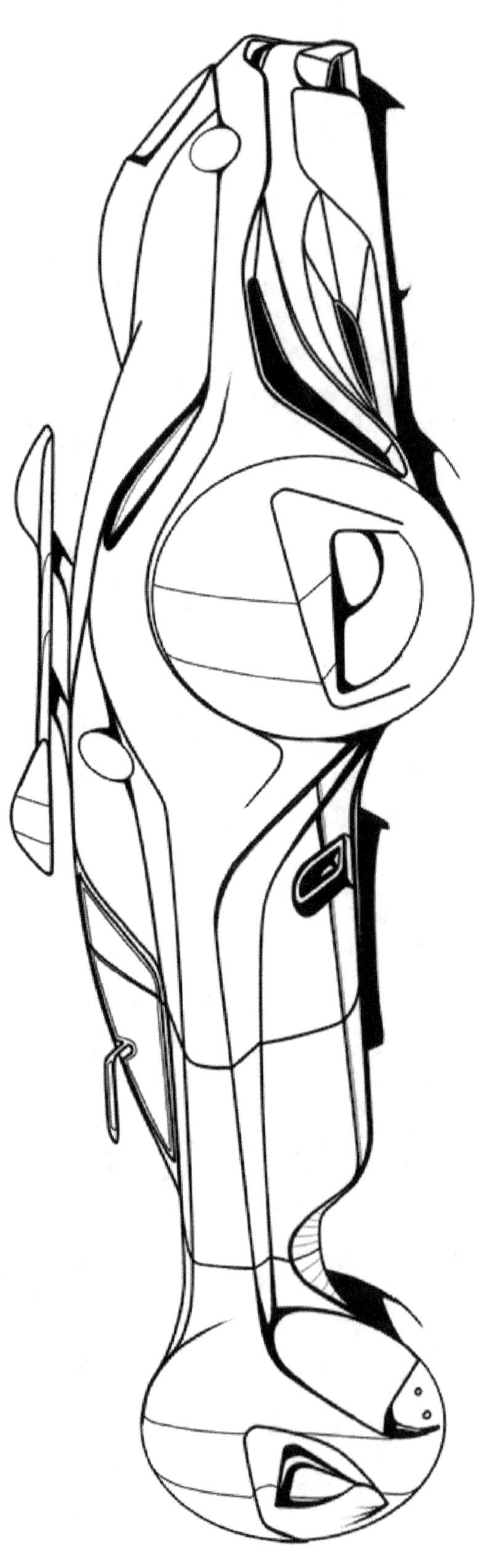

Styson Design

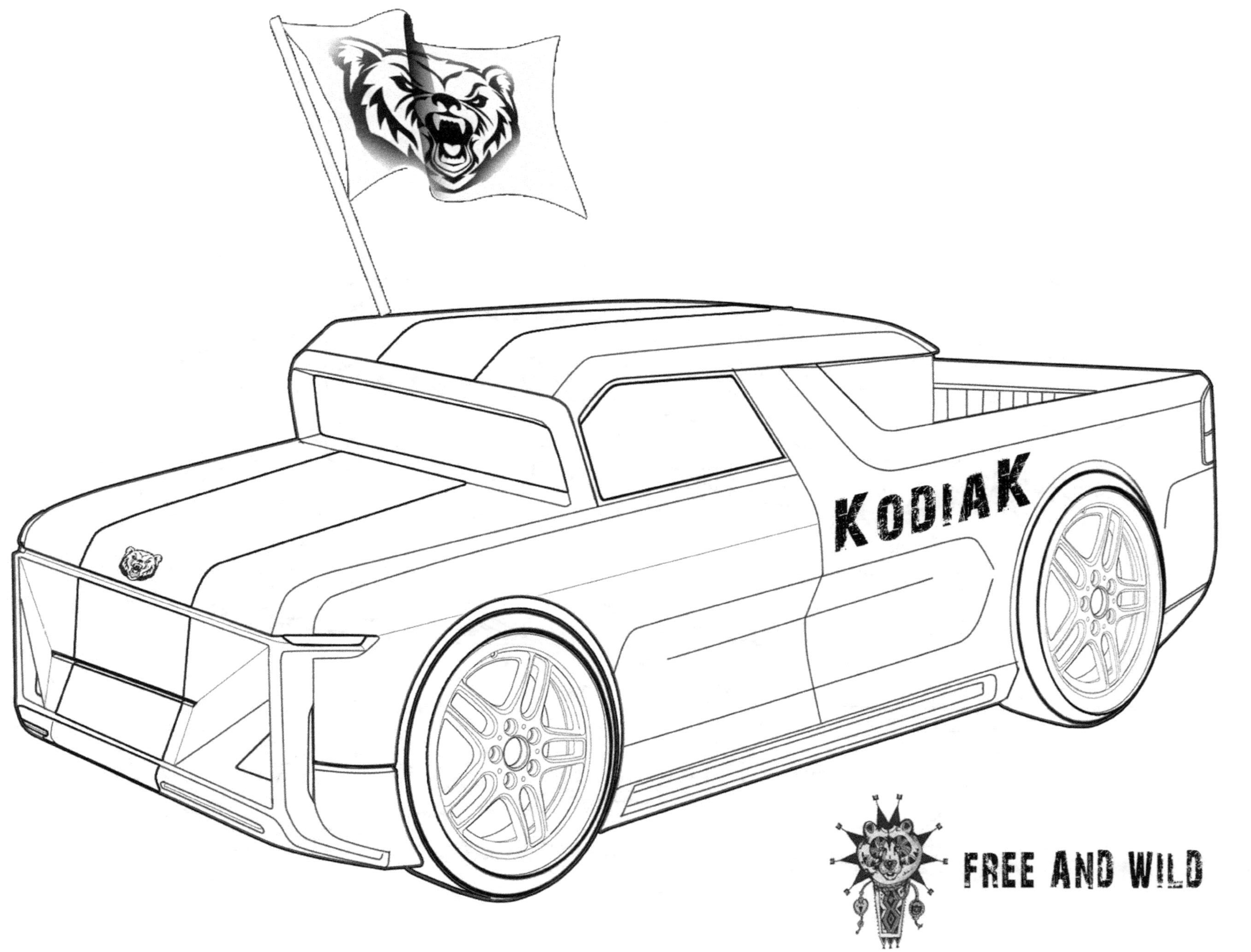

Styson Design

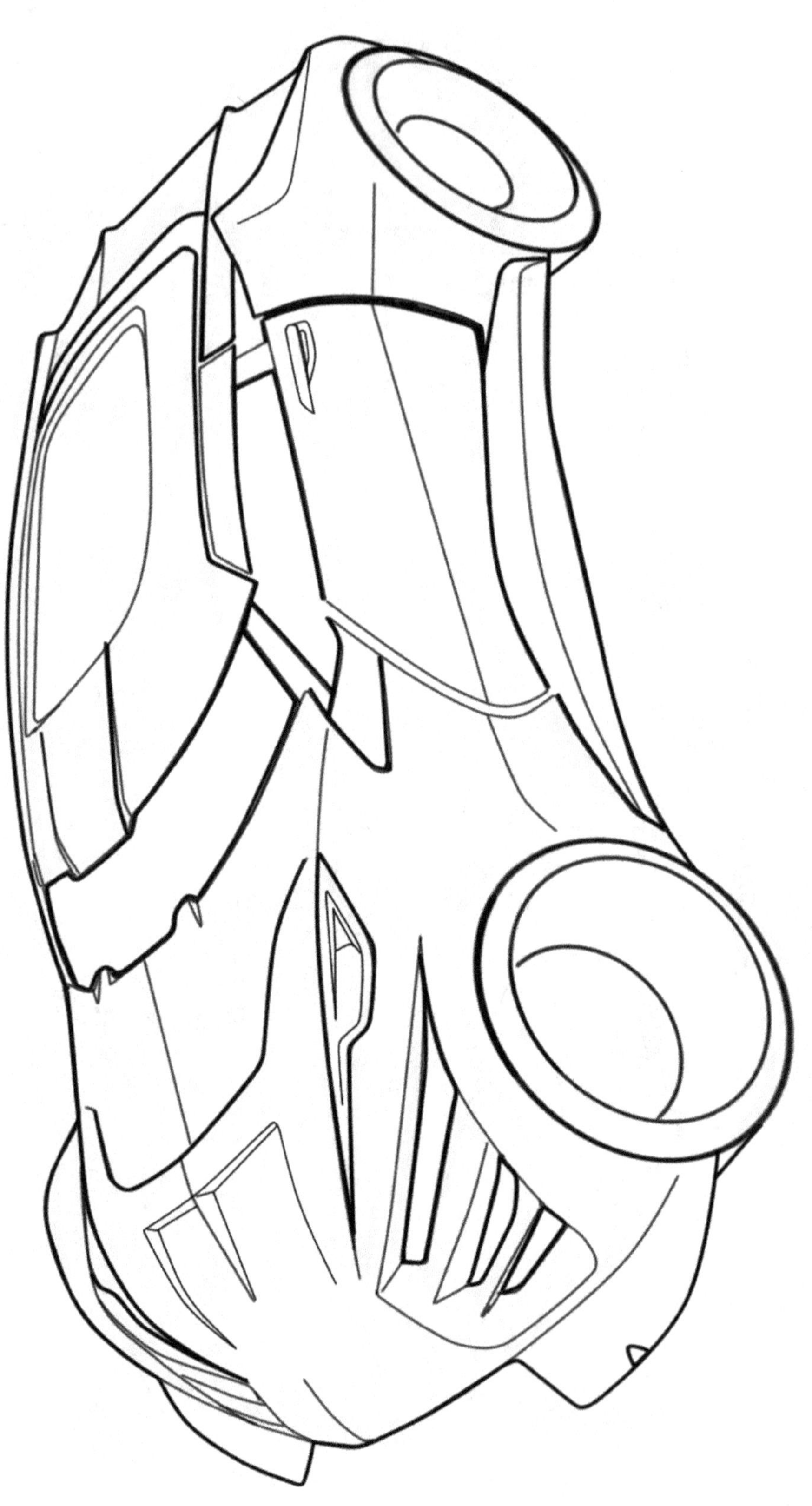

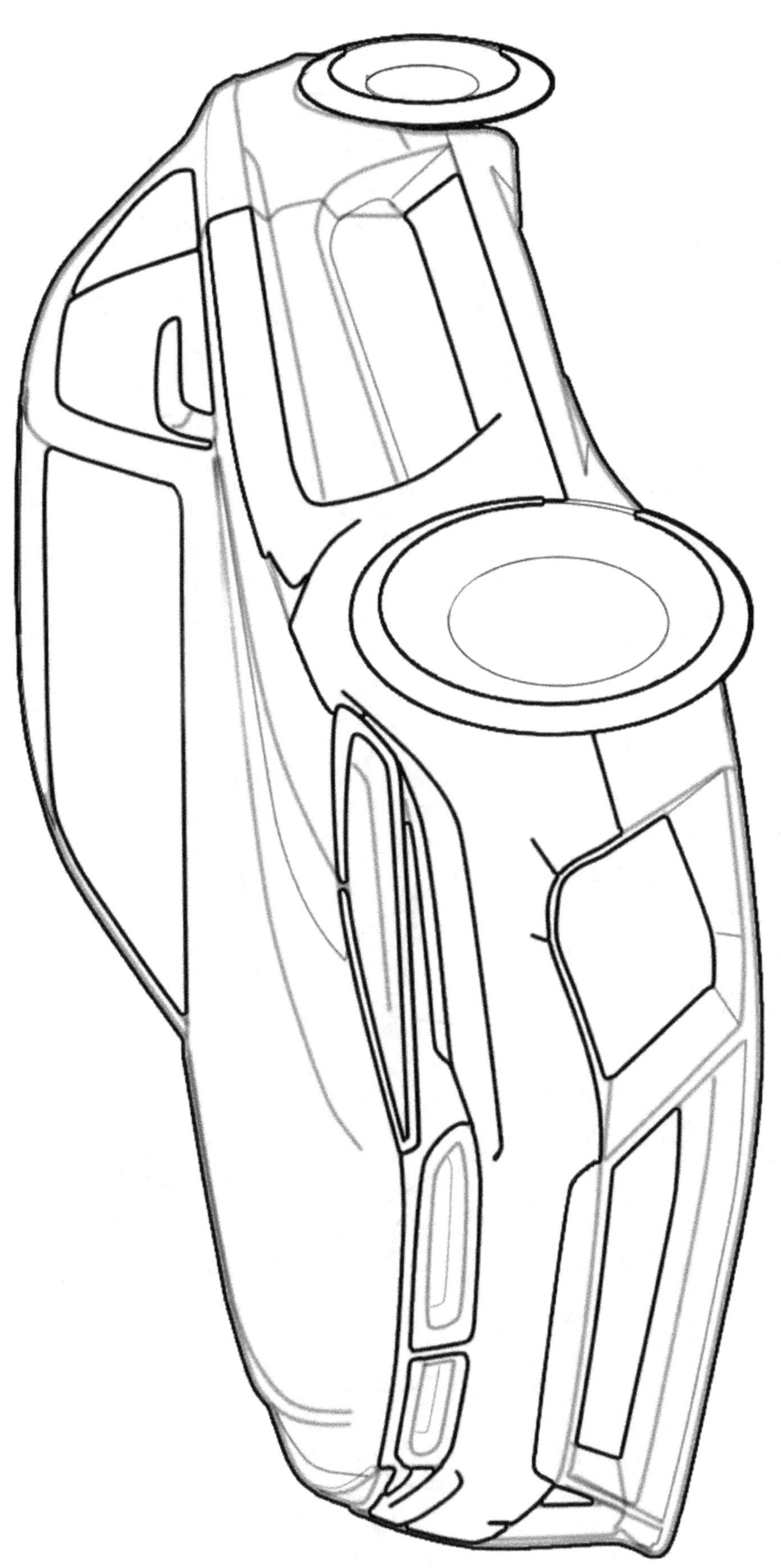

Styson Design

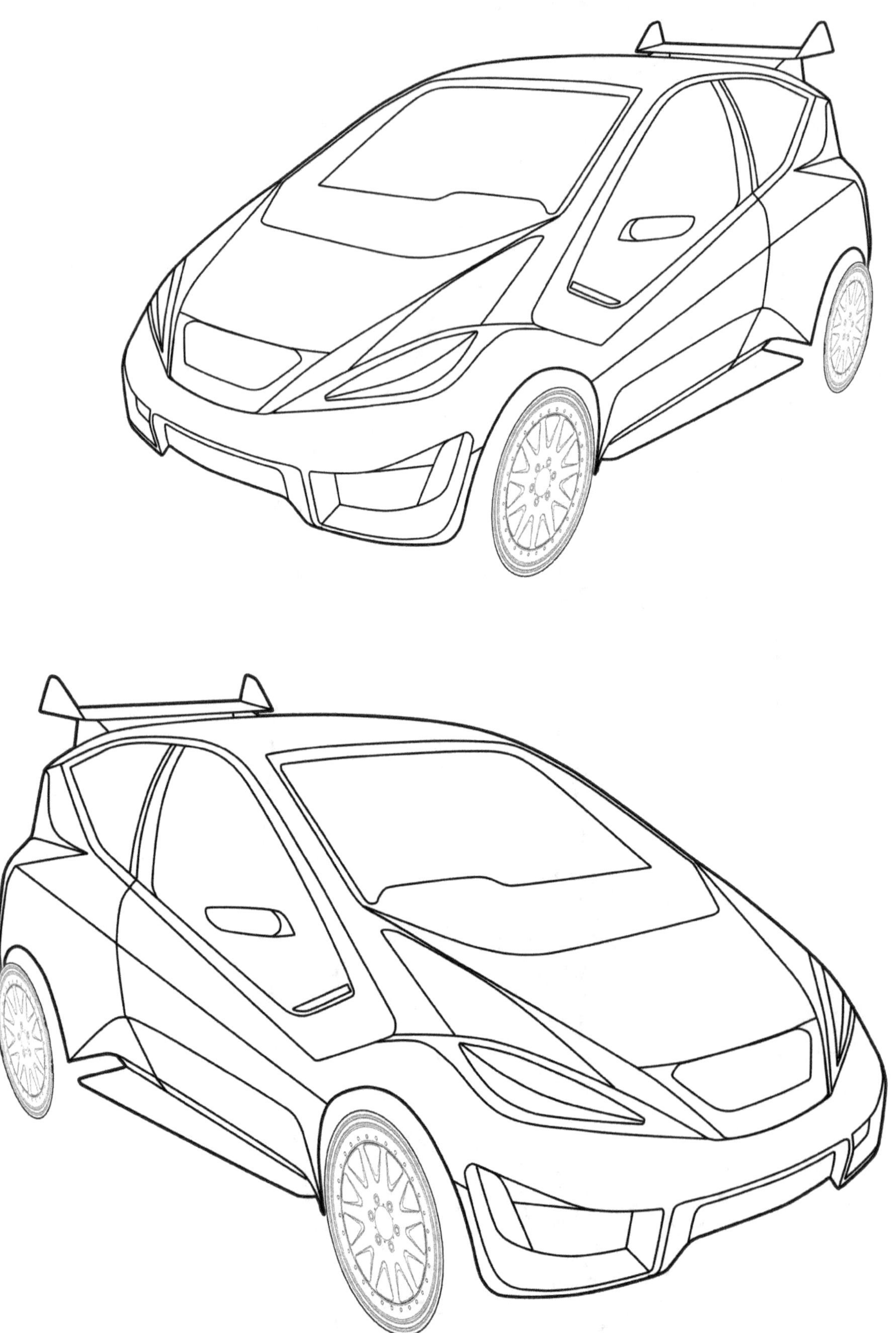

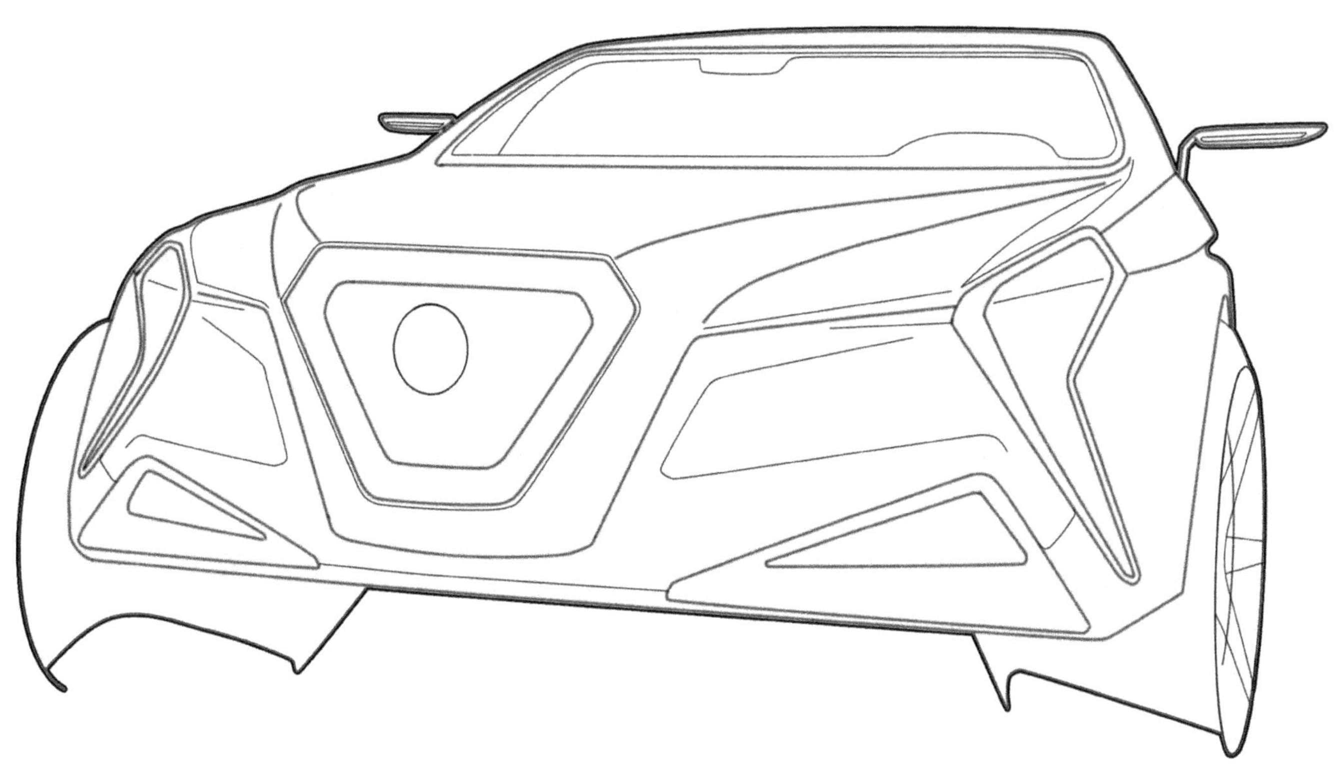

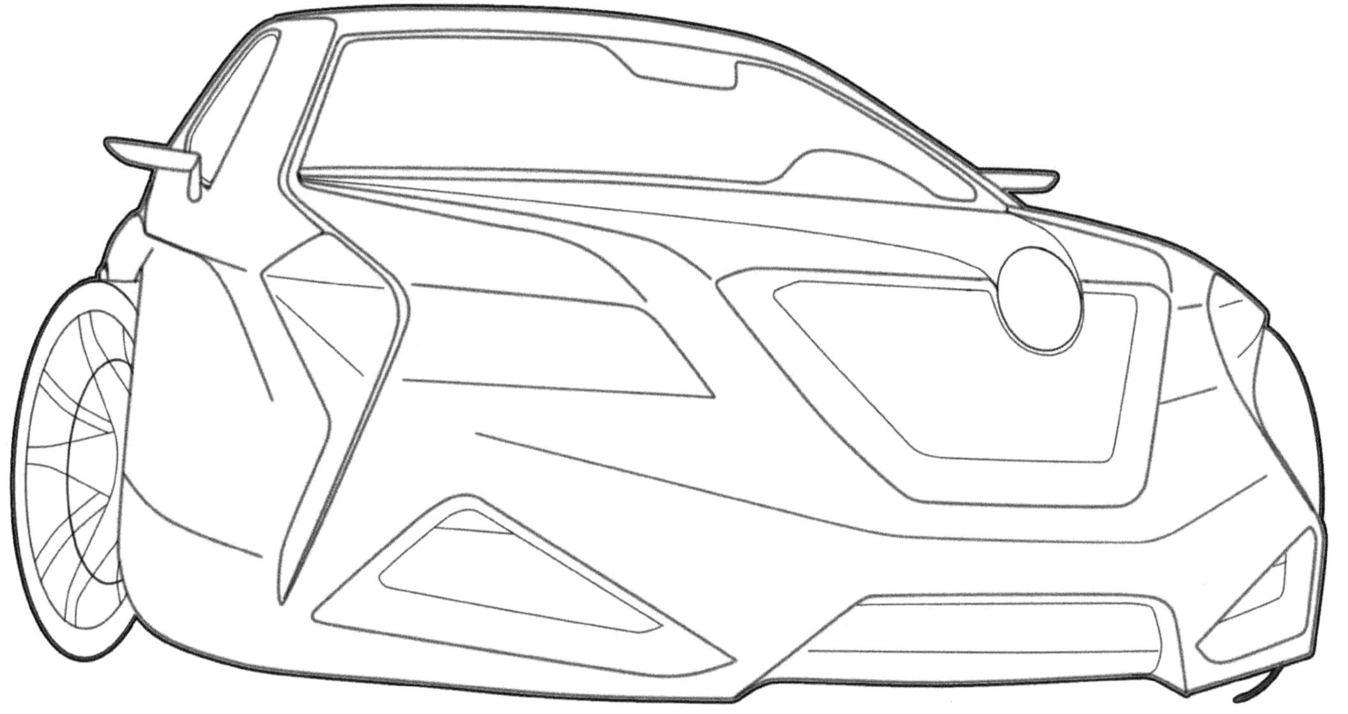

Styson Design

www.ingramcontent.com/pod-product-compliance
Lightning Source LLC
LaVergne TN
LVHW060341200726
843506LV00008B/572